*Je vous raconte l'histoire
de la mode en occident*

ヨーロッパ
服飾物語

内村理奈
RINA UCHIMURA

HOKUJU PUBLISHING
北樹出版

は じ め に

　フランス語で「物語」とはイストワール（Histoire）という語で表し、この語は、「物語」を意味すると同時に「歴史」の意味でも用いられている。フランスでは、歴史は物語のように語られるものであり、物語は歴史を扱うことが多かったということなのかもしれない。本書は、筆者がこれまでに研究してきた西洋服飾文化史（とりわけフランス服飾文化史）の内容を、「物語」のような、私自身が語るような語り口で、その世界のきらめきと面白さを読者の方がたにお届けしたい、という思いから生まれたものである。

　ヨーロッパの服飾といえば、華やかで美しいドレスを身にまとった貴婦人たちを思い浮かべるだろう。もちろん、服飾の「歴史」であるから、きらびやかなドレスの、その形やシルエットや装飾の美しさだけをお伝えしてもよいのかもしれないが、本書はそこに力点を置くのではなく、ヨーロッパの服飾を通して、その時代に生きた人びとの、ものの考え方や、感じ方、美意識、生き方などを読み解くという視点を大切にしたいと思っている。だから、目で見て楽しむドレスの歴史を期待する人にとっては、勝手が違う内容かもしれない。しかし、本書では、服飾のひとつひとつから見えてくる、ヨーロッパの人びとの生きていた生活風景をはじめ、王侯貴族から庶民に至るさまざまな人びとの心のなかの風景をも、覗いてみることができるような「物語」を描きたいのである。

　服飾は人が身につけずに衣裳箪笥にしまっている状態であれば、それは単なる「モノ」に過ぎないのかもしれない。店先に陳列されているときも、まだ着用してくれる人に出会っていない状態であれば、まだ「モノ」でしかないのかもしれない。しかし、服飾は、人が身に着けることによって、まるで命を得るかのように「生きる」。人が服飾を身につけるとき、服飾は単なるモノであることにとどまらず、さまざまな意味を担うことになる。意味をまとい語りはじめる服飾は、私たちが思っている以上に、人の感情を揺さぶり、高揚させ、生き方をも変え、そして、ときには時代を突き動かす力にさえなる。服飾には、その時代の社会や文化の有り様が常に反映されており、私たちは、服飾とともに

に、歴史のなかを生き、未来へと歩いている。ヨーロッパにおいても、そのようにして、人びとは服飾とともに生き、歴史を紡いできたのである。

　このように、人とともに生きている服飾を考察する研究は、日本では服飾美学という学問領域で行われてきた。つまり、服飾美学とは、服飾に託された人間の美意識や生活感情を読み解き、服飾のもつ多様な機能を考察するものである。服飾が映し出すものは、着用者の美意識、感性、身体感覚、思想、経済状況など個人の内側をはじめ、個人を取り巻いている時代の文化や社会構造にまで及ぶ。実は、このような視点は、服飾の史的研究において、極めて重要であると思われる。

　本書は、筆者がこれまで執筆してきた論文をもとにしたエッセイ集であるが、歴史上のヨーロッパ服飾を中心とする事例を取り上げ、ときには現代ファッションとの比較も織り交ぜながら、多くの文献資料と図像資料を駆使して、服飾のもつ多彩な意味や表象を読み解いたものである。歴史上のヨーロッパ服飾を中心とするさまざまな事象とその意味を、多様な資料をもとに、とくに社会文化的側面から読み解いていく。服飾という小さな窓から見えてくる、思いもかけない世界の広がりと奥深さ、そして服飾研究の豊かな可能性を読者にお伝えしたい。大学で服飾史・服飾文化論研究をはじめる学生たちには入門書として、また一般読者の方にも、この「物語」を読んでいただけたら、と思う。

　本書の構成は次の通りである。全部で4部構成であり、最初の第Ⅰ部から第Ⅲ部では、服飾を語る際の視点や切り口を示したつもりである。冒頭で述べたように、本書は服飾の内包する意味や表現されている表象について考察しようとするものである。そのような視点で考えるとき、テーマとしていくぶん抽象的かもしれないが、なんらかの概念を持ち出してみることが必要になる。そこで、本書においては、まず、身体を覆うがゆえに身体感覚と大きく関わるということから、服飾が「感覚」をどのように表してきたかということを考える。第Ⅰ部「感覚」では、具体的には清潔感に注目し、とくに白という色と清潔感との関係を掘り下げて考えてみる。

　第Ⅱ部では、ヨーロッパ服飾が常にジェンダーの問題と二人三脚で歩んできたことを念頭におき、帽子というアイテムから「ジェンダー」について考察す

る。服飾からジェンダーを考える際、多くは女性論として展開されることが多いが、ここでは、男性性と服飾との関わりを、その行動様式をふくめて考える。服飾によるジェンダー論のひとつの事例が示せればよいと思う。

　第Ⅲ部は、「コミュニケーション」である。服飾は、まず目に見えるものであるために、視覚的なコミュニケーションのツールにもなりうる。ここでは、服飾にまつわるエチケットの観点から、人と人、あるいは国と国、というさまざまな境界を、服飾表現がどのように超え繋いで切り開いていくのかということを考えてみたい。

　そして、最後の第Ⅳ部では、以上のような視点で服飾を考える際の、ささやかながらもひとつの史料の可能性について検討するものである。その史料とは、多くの史的研究のなかでは、史料価値を疑問視する場合さえ見受けられる、フィクションである。フィクションを史料として扱うには、それが事実を反映していない場合もあるために、それ相応の注意を要するのではあるが、服飾の意味や表象を読み解く際には、これらは実に豊かな情報を与えてくれる一級の史料となりうる。そのことを知ってもらうために、ふたつの文学作品を、登場する服飾から読み解いてみたい。

　以上のように、研究をしていく上でのヒントも暗に示しているつもりではあるが、コンセプトとしては冒頭で述べた通り、本書はあくまで「物語」である。まずは読者の方がたに楽しく読んでいただければありがたい。そのうえで、本書をきっかけにして、服飾の史的研究の道に歩もうとしてくれる学生が現れてくれたら、なによりもうれしいことだと思う。

　最後に、北樹出版の花田太平さんには、本書の構想の時点からお世話になり、いつものことながら気持ちよく仕事をさせていただいた。感謝申し上げる。

　　2015年　年の瀬を迎えた目白の研究室にて

　　　　　　　　　　　　　　　　　　　　　　内村　理奈

　＊追記：本書の内容は、2006年夏から2013年春にかけて社団法人日本理容美容教育セン
　　ターの機関誌『研修紀要』に連載したエッセイを基に加筆修正したものである。

 CONTENTS

はじめに……………………………………………………………………3

第Ⅰ部　感覚：白さへのあこがれ

第1章　白い下着……………………………………………………12
　　1．時と所で変わる清潔感……………………………………12
　　2．フランス語のプロプルテ…………………………………13
　　3．水が恐ろしい？……………………………………………15
　　4．白さのアピール……………………………………………16

第2章　肌の白さ……………………………………………………19
　　1．ギャラントリーの清潔感…………………………………19
　　2．黒いリボンとつけぼくろ…………………………………20
　　3．「肌の白さ」で恋を叶えよう……………………………23

第3章　漂　白………………………………………………………25
　　1．溺死体の服飾………………………………………………25
　　2．シュミーズとは？…………………………………………27
　　3．下着の布のヴァリエーション……………………………28
　　4．手間のかかる漂白…………………………………………29

第4章　白さのヒエラルキー………………………………………33
　　1．下着は本当に白かったのか？……………………………33
　　2．下着の色のヒエラルキー…………………………………34
　　3．赤褐色の下着を着た人びと………………………………35
　　4．お風呂は贅沢？……………………………………………35
　　5．下着42枚を盗まれたルソー………………………………36
　　6．マリー・アントワネットのシュミーズ・ドレス………37
　　7．清潔と白さのゆくえ………………………………………38

第Ⅱ部　ジェンダー：帽子

第5章　男になる ……………………………………………………… 42

 1．マグリットの帽子 ……………………………………………… 42

 2．男装の麗人 ……………………………………………………… 43

 3．帽子のない死者たち …………………………………………… 44

 4．心臓よりも頭が大事 …………………………………………… 45

 5．殺人事件で狙われる帽子 ……………………………………… 45

 6．シラノの羽飾り（こころいき） ……………………………… 46

第6章　脱　帽 ………………………………………………………… 49

 1．『ガリバー旅行記』と『浮雲』の帽子 …………………… 49

 2．礼儀作法書の普及と服飾のエチケット …………………… 51

 3．帽子の作法 ……………………………………………………… 52

 4．国王の親裁座 …………………………………………………… 53

 5．民衆の暴力事件 ………………………………………………… 54

 6．こんにちは、クールベさん ………………………………… 54

第7章　喜　劇 ………………………………………………………… 57

 1．笑いものになる帽子 …………………………………………… 57

 2．帽子の作法による喜劇：モリエールの場合 ……………… 59

 3．帽子の作法による喜劇：マリヴォーの場合 ……………… 61

 4．帽子をかぶったチャップリン ……………………………… 64

第8章　身体技法 ……………………………………………………… 65

 1．ロミオのフランス風挨拶 ……………………………………… 65

 2．ダンスの教師が教える帽子の挨拶 ………………………… 66

 3．王は踊る ………………………………………………………… 67

 4．フェンシングの帽子 …………………………………………… 68

 5．ダンスの教本 …………………………………………………… 69

 6．ダンスの基本姿勢 ……………………………………………… 71

第9章　品　格 ………………………………………………………… 74

 1．帽子の優雅な挨拶 ……………………………………………… 74

CONTENTS 7

2．帽子の脱ぎ方とかぶり方 ・・・・・・・・・・・・・・・・・・・・・・・・・・・・・・・・・・・・・・・ 75

3．前への挨拶 ・・・ 77

4．後ろへの挨拶 ・・・ 78

5．上品な挨拶 ・・・ 79
　　ボンヌ・グラース

6．挨拶すらわからないスガナレル ・・・・・・・・・・・・・・・・・・・・・・・・・・・・・・・・ 81

7．帽子が表す品格とは ・・・ 82

8．帽子が語るもの ・・ 83

第Ⅲ部　コミュニケーション：エチケット

第10章　従　う ・・・ 86

1．服飾はメッセージを伝える ・・・・・・・・・・・・・・・・・・・・・・・・・・・・・・・・・・・・ 86

2．ファッション情報満載の礼儀作法書 ・・・・・・・・・・・・・・・・・・・・・・・・・・ 87

3．服装規範に従う ・・ 88

4．礼儀作法書の伝えるモード ・・・・・・・・・・・・・・・・・・・・・・・・・・・・・・・・・・・ 95

5．モードの都パリ ・・ 95

第11章　誘惑する ・・・ 97

1．カーニバルの仮面 ・・ 97

2．黒い仮面の流行 ・・・ 98

3．魅惑的な女性を演出する仮面 ・・・・・・・・・・・・・・・・・・・・・・・・・・・・・・・ 100

4．仮面のエチケット ・・ 104

5．隠しつつ魅せる ・・ 105

第12章　愛を伝える ・・ 107

1．「かわいい」の定番、リボン ・・・・・・・・・・・・・・・・・・・・・・・・・・・・・・・・・ 107

2．女性に対するエチケット：ギャラントリー（galanterie）・・・・・・・・・・ 108

3．ギャランと呼ばれるリボン ・・・・・・・・・・・・・・・・・・・・・・・・・・・・・・・・・・・ 109

4．リボンの遊び ・・・ 110

5．恋心を語るリボン ・・ 112

6．ファヴール ・・・ 112

7．『クレーヴの奥方』の黄色いリボン ・・・・・・・・・・・・・・・・・・・・・・・・・・ 113

８．男性のリボン姿は復活するか？ ……………………………………………… 115

第13章　崩　す ……………………………………………………………… 116

１．パリで見られるネオ・ジャポニスム ………………………………………… 116

２．ジャポニスムの発端 …………………………………………………………… 117

３．部屋着に見る異国趣味 ………………………………………………………… 118

４．異国趣味ゆえの反エチケット性 ……………………………………………… 120

５．異国との接触 …………………………………………………………………… 122

第14章　逸脱する ……………………………………………………………… 124

１．部屋着ファッションのルーツ ………………………………………………… 124

２．部屋着ファッション批判 ……………………………………………………… 125

３．快適はイケナイ？ ……………………………………………………………… 126

４．部屋着の種類 …………………………………………………………………… 128

５．秩序を覆す：官能性と哲学 …………………………………………………… 129

６．ファッションの力 ……………………………………………………………… 130

第Ⅳ部　フィクション：小説と映画

第15章　服飾が語るロココの女王：ツワイク『マリー・アントワネット』… 134

１．ロココの女王はファッションの女王 ………………………………………… 134

２．白い下着類が暗示するアントワネットの宿命 ……………………………… 137

３．愛と悲しみの人生 ……………………………………………………………… 141

４．マリー・アントワネットの白いドレス ……………………………………… 141

５．マリー・アントワネットの指輪 ……………………………………………… 146

第16章　緑のドレスと針仕事：ミッチェル『風と共に去りぬ』 …………… 150

１．不朽の名作『風と共に去りぬ』の魅力 ……………………………………… 150

２．スカーレットが好んだ緑のドレス …………………………………………… 151

３．瞳の色と衣裳の色 ……………………………………………………………… 153

４．緑色の象徴：アイルランドの緑 ……………………………………………… 155

５．刺繍をする理想の母 …………………………………………………………… 157

６．一大決心のカーテンのドレス ………………………………………………… 159

7．戦時中の針仕事：愛を込める針仕事 ……………………………… 161

8．ハンドメイドの価値 …………………………………………………… 163

参考文献 ………………………………………………………………… 164

索　引 …………………………………………………………………… 167

第 I 部
感　覚
―白さへのあこがれ―

たとえば、私たちの当たり前の身体感覚として、
清潔感というものがあると思う。
とりたてて意識すらしない感覚であるから、
疑問をもつことはないかもしれない。
しかし、このような私たちの無意識的な感覚にさえ、
歴史は存在する。
白い衣服を清潔だと感じること、
それはどのような歴史のなかで生まれてきたのだろうか。
白さへのあこがれとは、どのような文化的背景をもつのだろうか。
このような人間の感覚や認識の歴史は、
服飾からこそ、探ることができる。

第 1 章
白い下着

> 洗濯用洗剤のコマーシャルには必ず白いシャツがお決まりの映像として流されます。私たちはそれを見て、ひと目で洗剤の洗浄力が証明されたように感じます。このように、白いシャツが清潔のシンボルになったのはいつにはじまるのでしょうか。実は、ヨーロッパの16世紀から17世紀にその発端がみられます。

1．時と所で変わる清潔感

　常日頃、私たちは清潔であることに気を配ります。身だしなみの基本は清潔の表現にあると言ってもいいほどで、誰もが心がける当たり前のことがらです。このような清潔感は、昔から変わらぬものとして続いてきたのでしょうか。それとも、文化や社会背景によって、異なるのでしょうか。しかし、このような疑問について、なかなか掘り下げて考えてみることはないかもしれません。

　日本人は非常にキレイ好きだと言われています。学生たちは就職活動のときには清潔な服装をしなさいと言われるでしょう。好きな異性のタイプを聞かれたときにも、清潔感のある人などと言ったりします。肌のシミを汚れと見なして、白いキレイな肌になるための「美白」をうたった化粧品は、夏だけでなく年間を通してよく売れており、朝シャンや、身体の内側からキレイにしようという、身体のなかの汚れ落とし、解毒を目的としたデトックスなどのブームもすでに定着しているように思います。デトックスは体の内側も外側もキレイにしようという、究極の清潔感の追求と言えるでしょう。匂いに対する意識も高

く、今や史上空前の無臭の時代を迎えているかのようです。しかし、このような、私たちにとって当たり前になっている清潔感が、いつでもどこでも同じ内容のものであったかと言うと、実はそうではありません。時と所が変われば、その内容はまったく異なるものとなり、清潔感の表現も、意味も、変わってきます。

　以前、フランスに留学したとき、ヨーロッパ各地からやって来た留学生と、お風呂に入るのとシャワーで済ますのとではどちらが清潔か、と議論をしたことがありました。ヨーロッパの学生たちは皆、シャワーだけで済ます方が絶対に清潔だと言い張り、私を含めた日本人留学生はお風呂に入らなければキレイになれないと主張して、意見は2つに分かれ、互いの主張を理解することができませんでした。ヨーロッパの学生たちは、湯船に溜めたお湯に入るのはどう考えても不潔だと言うのです。どうしてそのように考えるのか不思議でしたが、私たち日本人との間に、歴史と文化の相違という、根の深い問題があるらしいことだけは想像できました。このような清潔感の隔たりの背景と服飾との関係を本章では探ってみます。

　舞台は16世紀から18世紀のヨーロッパ、服飾史上でもっとも華やかな時代に生きた人びとの衣生活の一端をのぞいてみましょう。当時の人びとが清潔という概念をどのように受け止め、どのように表現したか。清潔の表現にどのような意味が付与され、隠されていたか。服飾を通して、現代の私たちの清潔感を捉えなおしてみましょう。

✖　2．フランス語のプロプルテ

　まずは言葉の内容の確認からはじめます。日本語の「清潔」という語の内容を広辞苑で確認しますと、①汚れがなくきれいなこと、②衛生的なこと、③人格や品行が清くいさぎよいこと、と記されています。「清潔」に当たるフランス語はプロプルテ（propreté）ですが、この語の意味は、①清潔さ、②きちんとしていること、きちんとした仕上がり、③道義上の清潔さ、潔白さ、とされています。

第1章　白い下着　　13

両者を比較すると、「衛生的なこと」と「きちんとしていること」というのが、日本語とフランス語の「清潔」の概念の決定的に異なるところであることがわかります。フランス語では、衛生的であることよりも、きちんとしていることの方が清潔にふさわしい概念として、位置づけられています。衛生の概念は、清潔の維持と健康管理の意味も含めて、イジエーヌ（hygiène）という語で表され、プロプルテとは区別されています。プロプルテという言葉には、なぜ「きちんとしていること」の意味が含まれているのでしょうか。言葉の歴史を少しひもといてみましょう。

　プロプルテは形容詞プロプル（propre）の名詞形です。プロプルは、「そのもの自身に属しているもの、特色、適切である」という意味のラテン語プロプリウス（proprius）から生まれました。したがってプロプルは「そのもの自身の」とか、「ふさわしい」、「適切である」という概念を基本とします。これらの概念が次第に「自らの属性に適切であり、ふさわしい外観に整えてある様子」という内容に発展していき、結果として、プロプルの派生語であるプロプルテが、「身分にふさわしい状態に、礼儀正しく整えてある様子」を表すことになります。

　17世紀のパリはずいぶんと汚れていました。下水道などあるはずもなく、道の中央を走る溝からは汚物が溢れ流れ出していました。そのような背景があって、清潔であることが礼儀作法の要と考えられるようになり、貴族階級の人びとにとって不可欠の心得となりました。そして「装飾されていること」と「汚れていないこと」が「礼儀正しく外見を整えている様子」として重要視され、プロプルテの意味に加わります。17世紀の初頭には、プロプルテは第1に「礼儀作法」、第2に「汚れがないこと」、そして第3に「装飾」という順番で、それらが結合した内容になりました。フランスにおける「清潔」の概念はここに誕生します。清潔の概念に装飾、つまり身を飾るという内容が入るのは、現代人である私たちにはわかりにくいかもしれません。そのことについては後で述べることにします。

　礼儀正しく身分にふさわしく身なりを整えることが、プロプルテの言葉の起こりであることを見ますと、フランス語のプロプルテ（清潔）に「きちんとし

14　　第I部　感覚——白さへのあこがれ

ている」という概念が色濃く含まれていることが理解できると思います。

✂ 3．水が恐ろしい？

17世紀には礼儀作法書の出版ブームが起こりました。これらの作法書では、当然のことながら、身だしなみについて事細かくお説教がなされています。そこでは、衣服が清潔であることがなによりも強調されました。もちろん、礼儀作法書の言う清潔は、①礼儀作法、②汚れがないこと、③装飾、の結合概念でした。

清潔な身だしなみについて説明する場合に、作法書では、具体的には、白い下着（linge）を身に着けなさいということが言われています。清潔の表現に不可欠な白い下着は、肌に直接着るシュミーズ（chemise）をはじめとする、襟飾り、カフス、ハンカチーフなど、身につけるすべてのリネン（麻布）類を総称するものでした。

たとえば、17世紀の代表的な礼儀作法書を著したアントワーヌ・ド・クルタン（Antoine de Courtin, 1622-1685）は、プロプルテについて語るなかで、「とりわけ白い下着（linge blanc）を身につけてさえいれば、贅沢に着飾っているかどうかは問題ではない」と言っています。17世紀のフランスでは、白い下着を身に着けて、それを頻繁に着替えることによって清潔感が表現されたのです。つまり、清潔とは身体を洗うことではありませんでした。白い下着が汚れを取ってくれると考えたのです。水を介さない清潔、それが近世ヨーロッパの清潔感だったのです。

当時、水はペストなどの病原菌を運ぶ恐ろしいものと考えられており、しかも、水は簡単に皮膚の小さな穴を通過して身体のなかへ入り込んでくると思われていました。ですから、体を水で洗浄することなど、考えられないことでした。中世まで続いた入浴の習慣は、このような新たなイメージの形成、つまり恐ろしい水と脆い身体というイメージと、一種の秘密の社交場である公衆浴場の風俗を社会が許容できなくなったことにより、ほぼ消滅していました。

それでも、上流貴族は医療目的でお風呂に入ることがあり、たとえばルイ14

第1章　白い下着　　15

世は、侍医団の判断によって、マラリアと目される病気の治療の一貫として入浴しました。その際、医学的見地から周到な準備がなされ、医師の指示に従って、水が体に浸透して水ぶくれにならないように、前日には浣腸と下剤が処方されました。王は侍医団に見守られながら、休憩を挟みつつ、入浴を慎重に行ったものの、体調を崩してしまいました。ただちに入浴は中止です。やはり水と接触するのはよろしくない、そう思われたのかどうか、それを最後に、ルイ14世は決して入浴しようとはしなかったそうです。

　このような時代でしたから、17世紀の西洋人はめったに身体を水で洗わず、一般的には、白い下着を着替えることによって、清潔になると信じられていました。

✄　4．白さのアピール

　清潔さを保つには、多くの白い下着を必要としましたので、清潔は豊かさの証にもなりました。ですから、人びとは白い下着を外側にできるだけたくさん見せて、わが身の清潔感を最大限にアピールしました。当時の肖像画を見れば、その様子がよくわかります。

　白い下着のアピールは16世紀からはじまります。16世紀のそれは、とくに衣服の切り口装飾（英 slush, 仏 crevé）によって強調されました。衣服にわざと切り込みを入れる装飾は現代のジーンズにも見られますが、16世紀のものは、もともとは身体の動きを自由にするために施されたものです。そして次第に、衣服の切り込みから、なかに着ている美しい白い下着を引っ張り出して見せるようになりました。たとえば、よく知られるハンス・ホルバイン作のイギリス王ヘンリー8世の肖像画（1540年）に見ることができます。

　なかに着ている下着の白さだけでなく、その延長線上にある飾り襟やカノンと呼ばれる膝飾りなどの白さは、見た目にとくに重要なものでした。白い下着類はまさにみごとな装飾品だったのです。ヨーロッパでは、16世紀から18世紀にかけて白いレースが大流行し、当時の人びとは、男も女も、衣服の開口部、つまり襟元や袖口などを、白いレースでふんだんに飾っていました（図1-1．

図1−1　作者不詳《若い女の肖像》(17世紀半ば,メゾン・アラン,レース美術館所蔵)＊フランドルのレース。ファン・ダイク・レースとも呼ばれるレースの襟飾りとカフス。衣服の開口部から、白い下着の延長にあるレース飾りを見せている。

図1−2　ヤコブ・フェルディナン・ヴォエ画《キジ家のひとりの肖像画》(1670年頃,アランソン,レース工芸美術館所蔵)＊17世紀のもっとも高級なレースであるグロ・ポワン・ド・ヴニーズの襟飾り。このレースは奢侈禁止令で禁じられていた筆頭のもの。

図1−2)。ジェノバ、ミラノ、ヴェネチア、そしてフランドル産の手工芸品である、美しい真っ白の上等のレースがもてはやされました。これらは奢侈禁止令で繰り返し禁じられましたが、いっこうにその流行がおさまらなかったのも事実です。

　このように、白いレースで身を飾ることが礼儀にかなう装いであり、清潔な姿と見なされたのです。清潔の概念に「装飾」という意味が含まれていたのは、ひとつには、このような事情があったからにほかなりません。

　また、白い下着類の流行は、15世紀後半から見られるようになった黒い服の流行とも連動しています。近年でも、ファッション誌では幾度も、今年は黒がトレンドなどと報じたりしますが、たとえば、カスティリオーネ（Baldassare Castiglione, 1478-1529）は、礼儀作法書のはしりとも言われる『宮廷人』(1528年)のなかで、衣服の色はなによりも黒が最高であると言っています。そして最上

第1章　白い下着　　17

の装いである黒い服を引き立たせていたのが、襟元や袖元にのぞく、白いリネン類やレースなのです。黒い服に白い下着類はとてもよく映え、気品ある装いとみなされました。黒と白のはっきりとしたコントラストの、引き締まった美しさと清潔感は、現代の私たちにもよく理解できるでしょう。

　17世紀の清潔感は、水で身体を洗浄するのでなく、白い下着によって表現され、その頻繁な着替えによって維持されるものでした。当時の人びとは、現代の私たちとはまったく異なる感性をもって、キレイを追求していたのです。

第 2 章
肌の白さ

いつの世にも時代を先取る洒落者はいるものですが、白い下着類を身に着ければよいという17世紀の清潔感を、一歩前に進めた人びとが同時代に存在しました。それは、ギャラントリーという流行現象を体現していた人びとです。彼らの清潔は黒いリボンとつけぼくろで肌の白さを表現するものでした。

1．ギャラントリーの清潔感

　ギャラントリーとは非常に定義しにくい概念ですが、フランス17世紀の時代の雰囲気、美意識、流行現象を表現する言葉です。流行作家シャルル・ソレル（Charles Sorel, 1600–1674）が1644年に出版した『ギャラントリーの法則』（*Les lois de la galanterie*）は、ギャラントリーの内容を詳細に伝えてくれる唯一の書物です。ここに記されていることをもとに定義しますと、ギャラントリーとは、17世紀前期のパリの社交界において、洒落者を自認する青年貴族たちの風俗全体を指していて、とくに、当時のサロンを主催する貴婦人たちに対する礼儀作法として表現されたもの、ということになります。いわば、貴婦人に気に入られる方法を教える作法書でした。

　この本によれば、ギャラントリーの条件の筆頭に挙げられるのがpropreté、すなわち「清潔」です。前章の通り、白い下着類を身につけなければならないのは当然ですが、ギャラントリーの清潔は白い下着だけで表現されるものではなく、身体にも目が向けられています。ギャラントリーの清潔とは、次のようなものでした。

① 白い下着類を身に着けること。
② 毎日手を洗うこと。
③ 時々、顔や頭を洗い、髪粉をつけること。
④ たまには風呂屋に行くこと。
⑤ 手首に黒いリボンを巻き、顔につけぼくろ（mouche）をつけること。

　毎日手を洗うことなど、幼児にでも教えるような内容ですが、衣服の白さだけでなく、身体のことまで考えるようになったのは画期的です。

　とは言え、現代の私たちの清潔感とはかけ離れています。19世紀の人にとっても、当時の清潔感との違いが驚きの対象とされました。そのことは、ソレルの『ギャラントリーの法則』を1855年に再版したルドヴィク・ラランヌ（Ludovic Lalanne, 生没年不詳）の言葉からわかります。ラランヌは、19世紀の洒落者（dandy）について書いたバルザックの『優雅な生活論』（『風俗のパトロジー』山田登世子訳, 藤原書店, 1992年所収, 原題 Le traité de la vie élégante）と比較して、17世紀の洒落者であるギャラントリーな紳士は、ゴテゴテ飾り立ててはいるものの、まるでケダモノだ、と言っています。産業技術や科学医療の発展によって衛生の概念が生まれ、皮膚の垢を病原菌の巣であると認識する19世紀と、それ以前の17世紀とでは、清潔の内容が異なるのです。ましてや、現代の私たちの感覚とはまったく異なるのは当然でしょう。

　17世紀においてかなり先進的であったギャラントリーの清潔は、毎日石鹸で手を洗い、時々顔や頭を洗って、良質の髪粉（汚れやにおいをごまかすために、髪に振った、香りつきの小麦粉）を髪に振りかけ、たまには風呂屋に行くことでした。しかし、身体をしっかり洗浄し、皮膚の垢を落とすこととは無縁の別のレヴェルの清潔でした。

✕　2．黒いリボンとつけぼくろ

　さて、目を引くのは、ギャラントリーの清潔では、そのかなり大事な条件として、手首に黒いリボンを巻き、顔につけぼくろ（mouche）をつけることが推奨されている点です。これは、なぜなのでしょうか。手首に巻く黒いリボンの

ことを、ソレルは『ギャラントリーの法則』のなかで次のように薦めています。

　大部分の貴婦人を見ると、真珠や琥珀や漆黒のブレスレットの代わりに、手首に黒いリボンを1本巻いている。同じように、若いお洒落な男たちも、手袋をはずしたときに自分の手をできるだけ白く見せるため、黒いリボンを巻いている。(黒いリボンと)一緒に結び合わせたり別々に扱ったりしながら、アンカルナ(淡紅色)のリボンを合わせる人の意図はよくわかる。なぜなら、この2色は、肌の白さや上品さによく調和し、その輝かしさを引き立たせるからだ。(拙訳、以下とくに断っていないものは同様)

図2-1　フランス・ファン・ミーリス《二重奏》(1658年、シュヴェーリン、国立美術館所蔵) ＊女性の手首の黒いリボンには赤い石で装飾も施されている。真珠の首飾りにもリボンがついているが、これは「悩殺」という名で呼ばれ、流行したもの。

　手首の黒いリボンが、手袋をはずしたときに「肌の白さ」を際立たせてくれたのです。つまり、彼らの清潔はとりわけ「肌の白さ」をいかに表現し、いかにアピールするかという一点に尽きるものでした。

　手首に巻く黒いリボンは、男女ともに身に着け(図2-1)、ギャラントリーの表現にふさわしいものと考えられて、ギャランという名で呼ばれるようになります。

　肌の白さを際立たせるためのもうひとつのアイテムが「つけぼくろ」でした。黒いビロードを適当な形に切って乳香で肌に貼り付けたものです。もともとは歯が痛いときに頬につけた黒い膏薬だったとか、吹き出物につけた薬がはじまりだったと言われており、それが肌の白さを強調するものとして、重要な化粧品のひとつになりました。

　つけぼくろは肌の白さをどのようにアピールしたのでしょうか。その様子は、1650年頃に記された作者不詳の『つけぼくろの専門家』(*La faiseuse de*

第2章　肌の白さ　　21

mouche）に、つけぼくろを意味するムーシュ（mouche）という語が「虫」も意味することを利用して、掛けことばのように使われて、ユーモラスに描かれています。少し長くなりますが、引用します。

　　ある日、母親である美と愛の女神ヴィーナスの横で、他におもしろいことがなかったので、アムール（愛の神キューピッド）は、無言で、いたずらに虫(ムーシュ)を追いかけていた。すると美しいこの女神は、その子どもっぽさを笑いながら言った。「おやめなさい、何か良いことをしなさい！」。しかしいくら言っても無駄である。いたずらっ子はただ笑うだけで、相変わらず虫(ムーシュ)を追いかけていた。ヴィーナスはとうとう怒った。癪に障り、彼を打とうとした。しかしこの子は巧みに逃げた！　母の怒りを避けるには何をしたらよいかわかっていたので、彼は手の平から虫(ムーシュ)を母の胸の上に放した。虫(ムーシュ)が女神の胸の上に乗ると同時に、彼女の胸は今まで以上に輝いて見えた。まるで暗雲がその影で空を隠すときに、暗い雲の周辺に空が新しい青色を得るかのように。そして、その暗さによってさらに引き立ち、今までよりも明るく輝いているかのように。ヴィーナスはうっとりとして、この幸福な瞬間を讃えた。そして、満足し切っていた。なにしろ、毎日新しい装飾品を探すことだけで時を過ごしていた彼女の頭のなかには、ほかには何もなくなったのだ。彼女は百通りもの素敵な姿を作った。しかし彼女は知っている、魅力の一つが偶然に発見されたことを。どんな白粉も、もう私を美しくすることはできない、この新しい発明のほかには。そこでアムールの方を振り向いて、こう言った。「この素敵なおこないに、報いてあげましょう。大事な２羽のキジバト（若い恋人たちの象徴）を、この虫(ムーシュ)のご褒美にしましょう」、「それではキジバトは僕のものだね」、アムールは自分の翼をたたいて喜んで言った。「待って、僕はもっと良いことをしたいんだ」、そう言って彼は、器用なその指で黒い布地を切り、疲れもせずに千個のつけぼくろ(ムーシュ)を作った。それから、すぐにそれを貼りに行った。一つは母の目のそばに。他の場所にもつけた。こめかみの上に、口の上に、鼻の横に、額の上に、あごの上に。そうしている間に神々の集団がヴィーナスに気づいて、彼女を真似てつけぼくろ(ムーシュ)をつける。光の女神ジュノンは夫ジュピターに気に入られるために、ヴィーナスと同じようにつける。戦いの女神パラスは極端な願望を持ち、好戦的なその額の上につけて、月桂樹を放棄してしまう。軍神マルスはキュプリヌに気に入られるために、容姿を飾り、それからビロードのとても大きなつけぼくろ(ムーシュ)をつけた。

おとぎ話風のこのユーモラスな逸話は、つけぼくろの本質を見事に語っています。つけぼくろ（虫）を肌につけると、その黒い点と肌の白さが対比されることにより、肌の美しさが際立つのです。つけぼくろによって輝くばかりに引き立てられた「肌の白さ」に、美と愛の女神ヴィーナスはうっとりとして、息子に腹を立てていたことも忘れてしまいます。そして、どんな白粉もつけぼくろには敵わないとされ、つけぼくろは最上の美白用化粧品になったかのようでした。

　ところで、アムールは母ヴィーナスの顔の至るところにつけぼくろを貼りますが、実は、つけぼくろは貼る場所によって名前がつけられていました。最初につけた目のそばのつけぼくろは「情熱」、口のそばは「色好み」、唇の上は「コケット（男好きのする女性）」、鼻の上は「厚かましさ」、戦いの女神パラスが好んでつけた額の上のつけぼくろは「厳格」、頬の真ん中は「ギャラン」、あごの上は「無口」、そしてもっとも人気のあった丸いつけぼくろは「悩殺」と呼ばれていました。

　リボンもつける場所によって名前が異なり、85色ものユニークな色名がありました。これらのつけぼくろとリボンの名前や色名から、当時の洒落者たちの遊び心が感じられます。

✂ 3.「肌の白さ」で恋を叶えよう

　このように肌の白さの表現がギャラントリーの清潔でしたが、なかでも、とくに顔と手の白さが重要であったことがわかります。

　ソレルの作品『不似合いな閨房』（*La ruelle mal assortie*, 1644年）には、貴婦人が自分のことを恋い慕っている騎士に対し、その手の汚さを非難して、「この私の美しい手をご覧なさい。でも、私は1週間も前から手を洗っていないのですよ。私の手に比べてあなたの手は見劣りするし、あなたの手はまったく身だしなみが悪くて、輝きを失っています」と言うくだりがあります。恋人からの実に手厳しい一言です。手の汚さを指摘されて、騎士の恋は致命傷を負ったにちがいありません。しかし、そう言う貴婦人の手でさえ1週間洗っていないの

第2章　肌の白さ　　23

図2-2 ヤン・コイシルス《占い》(1620-30年頃, エルミタージュ美術館所蔵) ＊青年貴族の白い手と占い師の汚れた手の対比が目を引く。

ですから、私たち現代人の感覚とはおよそかけ離れています。このような事例から、女性に会って手袋をはずすときに、手の白さを際立たせる黒や赤のリボンをつけていることがいかに重要であったかがわかります。

貴婦人に気に入られることが最大目的であったギャラントリーの紳士たちにとって、清潔は肌の白さの表現であり、男女の恋愛の成就に欠かせないエチケットであったと言えます。しかし、その肌の白さは、肌そのものの生来の白さではなく、黒いリボンやつけぼくろの黒さとの対比によって際立つ、相対的な白さであったのです。

たとえば、ヤン・コイシルスの絵画〈占い〉を見ますと、おしゃれな青年貴族の手の白さと占い師の薄汚れた手の対比が、そこだけスポットライトで照らし出されているかのように際立って見えます(図2-2)。このように、清潔は貴族の特権でもあったことが想像されます。

第 3 章
漂　白

> 　17世紀ヨーロッパの清潔の表現には、白い下着類や白い肌を強調するための装飾品が不可欠でした。しかし、なぜ、ことさら「白さ」が求められたのでしょうか。本章からその背景を探ってみます。遺体調書というすこし聴き慣れない史料をもとに、フランスの庶民の衣生活を覗いてみましょう。

1．溺死体の服飾

　リヨン第2大学に留学していたときの指導教官に、服飾史をやるなら遺体調書（procès-verbaux de levée de cadavre）を調べなさいと言われたのが、この史料との出会いのきっかけです。まず、この史料がどのように服飾史に関わるか説明しましょう。

　リヨンはマルセイユとフランス第2の規模を争う都市で、TGVでパリから2時間ほど南下したところに位置します。町の起源は古代ローマ時代にまでさかのぼることができ、古代劇場跡を有するフルヴィエールの丘のふもとに、ルネサンスの町並みである旧市街が残されています。古くから金融業、出版業、なによりも華麗な絹織物の産地として栄えた美食の町、世界遺産の町として知られます。町の中心にはローヌとソーヌの2つの大きな河が縦断しています。よく晴れた日には、その深い緑色の水面に、軒を連ねるレンガ色の屋根がキラキラと映える美しい古都です。

　さて、遺体調書とは、当時の司法当局が変死体の発見時に、死体の身元判明の手掛かりとするために作成した文書のことですが、私が調べたローヌ県立文書館の遺体調書は、そのほとんどが、リヨンの2つの河からあがる不慮の事故

による溺死体についてのものでした。つまり、私は、18世紀のリヨンの溺死体がなにを身につけていたのか、調べることになったのです。

たとえば1766年4月10日にローヌ河畔で発見された、ある男性遺体の調書の一部を紹介しましょう（図3-1）。

図3-1　男性遺体の調書の写し（1766年4月10日にローヌ河畔で発見された。ローヌ県立文書館所蔵）＊筆者が施した矢印から矢印までの間に、本文中で引用した、服飾に関する情報が記されている。

　男性と思われる遺体、年齢は60歳程度、髪の毛はあご髭と同様に灰色、身長は5ピエ程度［注：1ピエは約30センチメートルなので、150センチメートル程度］、栗色で使い古された地場産の毛織物の上着とヴェスト2着とキュロット、キュロットには飾りボタン1個、脚部には横縞のサージのゲートル、首には青と白の［縞模様の］木綿の襟巻き、足には綿ネルで裏打ちされた木靴、粗末な平織り布の下着（chemise）には青いリモージュ糸でPとTの文字が刺繍されている。頭には粗悪な帽子。胴体には飾りボタンのついたブフルと呼ばれる革ベルトが巻かれ、ポケットのなかには粗悪な青い木綿のハンカチーフと木製のロザリオがあった。

　このように、調書には遺体の身元判明につながるさまざまな情報が記されています。身につけている衣服が頭の上から足先まで、またポケットの中身まで詳細に記されているのが特徴です。この調書に見られるように、とくにchemiseには、赤か青のリモージュ糸で本人の名前のイニシャルが刺繍されていることがよくありました。これは洗濯に出す際に、自分のものとわかるようにするためのものです。遺体調書には、判明した場合には、遺体の名前や職業も記されます。つまり、市井の人びとがなにを身に着けていたのかが、かなり詳細にわかるという意味で、遺体調書は服飾史の史料となりうるのです。

　私が調査したのは、1700年から1790年にかけてのリヨンと北隣の町ボジョレ

の遺体調書です。リヨンのものは計385件、ボジョレは計192件あり、これらを解読して分析しました。

✵ 2．シュミーズとは？

遺体調書にはいろいろな衣服が記されていますが、ここではシュミーズ（chemise）に焦点を当て、清潔のイメージと結びついて白い下着類がもてはやされた理由を考えます。

シュミーズとはどういうものかと言いますと、図3－2に見られるようなロングTシャツ状のもので、男女共に肌着として身につけた衣服です。子ども用の前掛けやおくるみ、ベッド用のリネンや襟飾りなどのレース類と共に、ランジェール

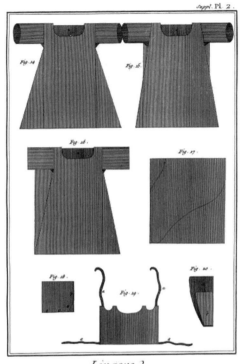

図3-2　ランジェール（下着製造販売業者）に関する図（ディドロ＆ダランベール『百科全書』）＊ Fig. 14 はフランス風の女性用下着。Fig. 15 と Fig. 16 はイギリス風の女性用下着。

（lingère）と呼ばれる白い布製品を商う店で売られていました。

当時の辞書類を見ると、シュミーズは「肌の上に直接身につける衣服」であり、「麻（chanvre）、亜麻（lin）、あるいは木綿（coton）の平織り布で作られている」衣服であるとされています。1784年12月3日の王令によると、フランス植民地である小アンティル島の黒人奴隷に、年2回支給される唯一の上衣がシュミーズでした。人が最低限身につけるべき衣服であったと考えられます。

「シャツ」とも「下着」とも訳すことができますが、当時のシュミーズの性質を考えると、訳語をつけるのは案外容易ではありません。つまり、現代の私

第3章　漂白　　27

たちの考える「シャツ」に比べると、もっと内側に秘められた存在で、普段は上着の下につけられていたものですし、一方で「下着」と訳してしまうと、この衣服が時には寝巻きになったり、時には奴隷の唯一の上衣になったり、庶民の労働の際の服装にもなったりしたことを示すことができなくなります。

　シュミーズは下着でありながら、それ1枚で表着になることがあり、着用者とシチュエーションに応じて自在に変化した衣服でした。けれども、しかるべき身分の人びとにとっては、シュミーズ1枚でいることは、かなりくつろいだ私的な空間に限られていたようです。いずれにしても、地肌にじかに身につける衣服であることに変わりはありません。このような事情を踏まえた上で、今回のお話では、シュミーズを当時の清潔の表現に欠かせない「白い下着類（linge）」の代表と考えて、便宜上「下着」と訳すことにします。

✖ 3．下着の布のヴァリエーション

　リヨンの場合、衣服を身につけている男性遺体の総数236件のうち、約7割の遺体が下着を身につけていました。そのほとんどが、トワル（toile）という布製です。トワルとは平織り布のことで、麻か亜麻か木綿のいずれかの布を指しています。しかしリヨンの調書に出てくるトワルは、高価な亜麻ではなく、原料を輸入に頼っている木綿でもなく、一般にもっとも流布していた麻がほとんどでした。調書にはトワルの種類も書きとめられており、それをまとめたのが表3-1になります。

　まず、ただ toile とのみ記されているのが19件あります。toile blanche は完全に漂白を施された白い麻布です。toile rousse については次章で詳しく検討したいので、ここでは省略します。toile pays は地場産の麻布です。toile commune はごく一般的なありふれた麻布のことでしょう。toile de ménage は自宅で紡いだ麻糸を職工に託して織ってもらった布で、商品にはしない自家製麻布です。この布は下着の総数170件の24％を占める42件あり、リヨンでもっとも一般的な下着用の布でした。grosse toile は18％を占める32件ありますが、これは地の粗い麻布で、下着に用いるよりも、むしろテントや傘、ゲートル、

28　　第Ⅰ部　感覚——白さへのあこがれ

表3-1　下着（chemise）の素材（ローヌ県立文書館所蔵）

素材、色の記述なし 48（28%）			
素材、色の記述あり 122（71%）	toile	19（11%）	
	toile blanche	2（ 1%）	
	toile rousse	19（11%）	
	toile pays	1（0.5%）	
	toile commune	3（ 1%）	
	toile de ménage	42（24%）	toile de ménage　34（20%） toile de ménage blanche 　1（0.5%） toile de ménage rousse 　2（ 1%）
	grosse toile	32（18%）	grosse toile de ménage 　5（ 2%） grosse toile　20（11%） grosse toile rousse　7（ 4%）
	toile étoupe	3（ 1%）	toile étoupe　2（ 1%） toile étoupe rousse　1（0.5%）
	coton blanc	1（0.5%）	
	その他	5（ 2%）	
合　計　　170（100%）			

＊1700年から1790年のリヨンの遺体調書のうち、着衣の男性遺体総数236件の分析結果より筆者作成。下着を身につけた170件についての内訳。％は下着の総数170を100とした場合の数値。

荷馬車の幌にふさわしいものです。先に述べた黒人奴隷に給付される下着もgrosse toile 製でした。toile étoupe はくず麻で作られた極めて粗悪な麻布。coton blanc は漂白された木綿の平織り布ですが、当時のフランスにおける綿産業はようやくはじまったばかりでした。

　同じトワル（この場合は麻布）とは言っても、さまざまな種類がありました。服飾史の一般論では、当時の下着は常に白であったとされていますが、表3-1のようにヴァラエティに富む麻布がすべて均等に白いものであったのかどうか、考えてみる必要がありそうです。

✖　4．手間のかかる漂白

　リヨンとボジョレの遺体調書には現れませんが、本来、下着にもっともふさわしいとされる布は toile d'Hollande とか Hollande と呼ばれる布でした。オランダ産のこの布は、見事に漂白された非常に繊細で美しい白い上等の亜麻布で

す。亜麻は一般に用いられる麻とは違って、格段に着心地がよく、色も真白い
ものでした。

　そもそもフランス語の白（blanc）という語には「漂白されているもの」とい
う意味があります。白い布は漂白することで得られたのであり、当時の人びと
が清潔の表現のために求めた白い下着とは、漂白された布の下着なのでした。

　当時、漂白は非常に手間のかかるものでした。ディドロとダランベールによ
る18世紀の知の集大成である『百科全書』には、漂白して白い布を得るために
は、石に数百回も布地を打ちつけた上、家畜の糞を溶かした水に長時間浸し、
それを洗い流し、煮立った湯で煮洗いし、日光に干すという行為を数回繰り返
すため、少なくとも1週間は要するという説明があります。ただしこれはイン
ドの方法です。

　オランダ亜麻布の輝くばかりの美しさは、当地の水質の良さに起因するとい
われています。オランダの水は砂丘の砂で濾過されていて、軟水で透明なた
め、布の漂白や洗濯には最適だったのです。さらに、オランダの漂白技法自体
が、ヨーロッパの先端をいく技法でした。その方法は、水車小屋の動力を使っ
て洗浄を行ったり、発酵した牛乳に浸してみたり、何度も草地で水をかけなが
ら干すなど（これは日光に当たることによって生じるオゾンの力を利用した漂白です）、
さまざまな工夫が見られます。またインディゴなどの染料で少し青みをつける
ことで白さを際立たせる「青み付け」もすでに行っていました。

　一方、パリでは水自体が汚染されていました。1666年から1777年にかけて、
セーヌ川での洗濯禁止令が何度も出ているほどです。あまりに淀んだ水は疫病
の原因になるので、セーヌ川で洗濯をした者は鞭打ちの刑に処せられたそうで
す。

　しかも、パリの洗濯女たち（blanchisseuse：文字通り、彼女たちが漂白業を行いま
した）は、布を白くするために石灰を使っていました。そのため、漂白された
布地はすっかり傷んで固くなってしまい、触れるのも不愉快なものになってし
まったと言われています。

　そこで裕福な人びとは、ボルドーの仲買業者に頼んで、オランダや西インド
諸島で布地の漂白をしてもらっていました。ヴォーブラン伯爵は、その回想録

のなかで、「みなオランダ亜麻布の白さを、パリの麻布のやや黄色い色と較べたものだ」と、パリの洒落者たちがこぞって外国産の下着を身につけていたことを証言しています。フランス産の布は、たとえ漂白されていても、オランダ産亜麻布の白さには到底及ばなかったのです。高価なオランダ産亜麻布の下着はお金持ちのみが手にできるものであり、一般の人びとにとっては手間と費用のかかる漂白自体、面倒なことでした。

白さを保つのも、骨の折れることでした。18世紀末のパリの人びとの生活をつぶさに観察したルイ・セバスティアン・メルシエは、『タブロー・ド・パリ』(1782-1788年) のなかで、当時の洗濯事情について次のように記しています (図3-3)。

図3-3 メルシエ『十八世紀パリ生活誌 タブロー・ド・パリ (上)』(原宏訳、岩波文庫、1989年、162頁の挿絵) *「フロックコートをじかに着て、自分のただ1着のシャツ (下着) か、たった1枚のハンケチを洗っている」と記されている。小船に乗り川で洗濯をして、ステッキの先に下着を広げている。リヨンの遺体調書のなかには、川で洗濯中に船から落ちて溺死したという遺体の事例も少なからず見られる。

　　パリ以上に多くの下着が着つぶされる町はないし、下着の洗濯がこれ以上お粗末な町もない。[…] 繰り返して言うが、こすりすぎるために下着をこれほどすり切らせてしまうようなところは地球広しといえどもほかにはない。4分の1リュー離れていても、洗濯女のよく響き渡る「洗濯棒」の音は聞こえる。次に力まかせに「ブラシ」でこする。彼女らは下着をシャボンで洗うかわりに、やすりにかけんばかりにする。それでこういう洗濯を5、6回されると、もう包帯にでもする以外には使い道がなくなる。[…]「おしゃれな旦那」もきれいに洗ったシャツ (下着) は2週間に1度しか着ない。(メルシエ『十八世紀パリ生活誌 タブロー・ド・パリ』(上), 原宏編訳, 岩波文庫, 1989年, 161-163頁)

運よく白い下着を手に入れたとしても、洗濯女に頼めば、洗濯棒で散々に打ちのめされて、すぐに擦り切れてしまうというのですから、白い下着を手に入れるのも、その白さを維持するのも、まことに大変なことだったのです。

このような漂白および洗濯事情から想像できるように、実は、下着には漂白
されたものと、無漂白のものがありました。両者の差は歴然としていました。
この点について、次章ではさらに詳しく述べて、清潔のイメージと結びつく白
さへの憧れがいかなる背景を持っていたか、明らかにしたいと思います。

第 4 章
白さのヒエラルキー

　前章では、遺体調書という史料をもとに、白さを得るための漂白と白さを維持するための洗濯が、大変骨の折れることであったことをお話ししましたが、第Ⅰ部最終章では、清潔のイメージと結びつく白さへの憧れの背景を明らかにし、現代へどのようにつながるのか考えます。

1. 下着は本当に白かったのか？

　当時のリヨンの一般市民の間では、自家製麻布の下着をはじめ、幌などに相応しい粗布の下着が多く見られ、全体として上質な下着を着ている人はあまりいませんでした。同じ麻布とは言っても、さまざまな種類があったことは前回確認した通りですが、これらの麻布がすべて真に白いものであったのかどうかについては、検討する必要がありそうです。

　史料を見ると、下着の色についての記述は思いのほかわずかしか出てきません。このことは、下着の色は麻布（toile）の当たり前の色、記述するまでもない色をしていたからなのかもしれません。しかしそのようななかでも、blanche（形容詞 blanc の女性形）という記述、および rousse（形容詞 roux の女性形）という記述が時折現れるのが目を引きます。blanche は「白」ですが、rousse は「赤褐色」を表します。下着の色は白だけでなく、赤褐色、つまり茶系統の色もあったのです。しかも、赤褐色の下着は、リヨンにおいては29件もあり、はっきり白と記された4件をはるかに上回っています（表4-1）。

　これは西洋服飾史を知る者にとっては、驚くべき結果です。なぜなら、すでに述べたように服飾史の一般論においては、17、18世紀は白い下着類の全盛期

表4-1 「下着の色」

roux（rousse）赤褐色	29件（29／170：17％）
blanc（blanche）白	4件（ 4／170： 2％）

＊ローヌ県立文書館所蔵の1700年から1790年のリヨンの遺体調書のうち、
着衣の男性遺体総数236件の分析結果より筆者作成。下着（chemise）の総
数170件のうち、色について記述のあるものの内訳（第3章「漂白」に記
載した表3-1を参照）。％は下着の総数170を100とした場合の数値。

であり、「下着は常に白」であると言われてきたからです。ですから、数は決
して多くはないものの、赤褐色の下着が存在したという事実は、十分注目に値
します。

2．下着の色のヒエラルキー

　この赤褐色の下着とはいったいどういうものだったのでしょうか。実は、ディドロとダランベールの『百科全書』によれば、麻の品質が色によって厳密に選別されていたことがわかります。

　　　麻の色の検査にあまりに力を入れすぎることがある。銀色がかった色で、真珠のような淡い灰色のものは最高の品と評価される。緑色がかっているものも良いとされる。黄色がかった麻はあまり評価されないし、茶色のものは廃棄される。[…] そのことは麻の雌株の固さとこわばった感触によって容易に識別できる。麻の雌株はふつう雄株より茶色であり、雄株のほうが光沢があり銀色がかった色をしている。

　つまり、麻の色に幅があり、そのことによって確固としたヒエラルキーが存在したのです。銀色に近い白から緑がかったもの、黄色っぽいもの、そして褐色というように、白から茶に至る色のグラデーションのピラミッドです。当時の人びとは麻の色の検査に非常に関心をもっており、加工前の麻の株にまで目を向けていました。

　このような事実と当時の漂白事情を考え合わせると、赤褐色の下着の実体が見えてきます。下着用の布を染めることはなかったので、赤褐色の下着とは無漂白の麻布で作られたものでした。roux という言葉自体に「生成りの漂白さ

34　第I部　感覚――白さへのあこがれ

れていない糸」という意味もあります。したがって、茶系統の色である赤褐色の下着とは、廃棄処分の可能性もあるほど粗悪な麻から作られた無漂白の下着を指しています。当時の漂白事情や麻の色自体にかなりの幅があったことを考えるならば、リヨンの遺体調書に現れる、色が記述されていない多くの下着のすべてが、真っ白な下着であったとは到底考えられません。

3．赤褐色の下着を着た人びと

それでは、赤褐色の下着を着ていたのはどのような人たちだったのでしょうか。

職業不明の遺体16件を除くと、乞食、石工、ワイン商人、卸売商人が１件ずつ、ぶどう園労働者、水夫、家内使用人がそれぞれ３件ずつです。乞食はもちろんのことですが、卸売商人以外は、ほぼ低所得者層です。

たとえば、1757年６月４日に池で溺死したクロード・ブデは、分益小作人ジョセフ・デュランの使用人でしたが、次のような装いをしていました。

> 使い古され破れた茶色のサージの上衣（ジュストコール）、キュロット、麻屑布で裏打ちされた木靴、赤褐色の粗布の下着、靴と帽子はない。

下着のみならず、身なり全体もどこか粗末な印象です。清潔であるか否かが基本的に白い下着の有無で測られた時代に、このような安価で粗悪な赤褐色の下着を身につけている人びとは、清潔さというものに縁のない人びとであったと言わざるをえないでしょう。

4．お風呂は贅沢？

ところで、疫病ペストの猛威を受けた17世紀の西洋では、水はいっさい使わずに白い下着を着替えることで清潔のイメージが維持されていましたが、18世紀に入って少し清潔事情が変わってきていました。あれほど恐れられていた入浴が、とくに上流階級の人びとの間で行われるようになってきたのです。水が

少しずつ清潔の問題に介入してきていました。

18世紀後半のパリのセーヌ河には、ポワトゥヴァンというかつら屋が営む蒸し風呂船が浮かんでいましたし、貴族たちは自分の邸宅の一室に浴槽を置いて、身体を洗うという目的でなく、贅沢で優雅な新しい貴族生活の習慣として入浴を行うようになりました。

しかし、このような入浴はあくまでも一部の上流階級の人びとに限られていました。そして入浴をする裕福な人たちは白い下着を身につけることで、自身の清潔のイメージを完成させていたはずです。当然彼らの下着には美しい白いレースがついていたことでしょう。お風呂が復活しても、白い下着の着用が清潔の表現に不可欠であったのは相変わらずで、白い下着が広く定着したのが18世紀であったと言えると思います。

5．下着42枚を盗まれたルソー

赤褐色の下着は、それを身につけていた人の職業からも推察できるように、礼儀作法の基本である「清潔」の欠如の証であると同時に、布地を漂白する余裕のないことの証ともなりました。礼儀作法に結び付けてことさらに清潔にこだわった上層階級の人びとは、一般には白い下着があまり用いられないからこそ、上等の真っ白い下着に執着し、それによって、自らの特権的な地位を顕示していたとも言えます。

色に幅があり、それゆえ品質にも幅があった麻の下着と、高級品の亜麻の下着は価格差も大きく、17世紀中頃のパリでは麻製下着は肉体労働者の３、４日分の賃金に相当する２リーブルでしたが、亜麻製下着の値段はその４倍ほどであったようです。当然、オランダ亜麻布は最高級品ですから、庶民の手に届くものではありませんでした。

高価な亜麻製下着は、そのためか、しばしば盗難に遭ったようです。たとえば、18世紀の哲学者ジャン・ジャック・ルソーも、上等の亜麻製下着42枚が盗まれたことを『告白』第８巻（1750–1751年）のなかで述べています。

私の下着はヴェネチア時代の残り物だが、上等で、数も多く、とくに愛着して
いた。<u>清潔を求めたあまり、贅沢に流れ、かなり金がかかった</u>。ところが誰かの
おかげで、こうした気遣いから解放されることになった。[…] そこには洗濯し
たばかりの私たちの下着がそっくり干してあった。それがすっかり持っていかれ
たのだ。そのなかには、私の上等のリンネル地のシャツ42枚も含まれていた。
これが私の下着類の主なものだった。[…] とにかく、この事件のおかげで私の<u>贅</u>
<u>沢な下着道楽</u>はやみ、それ以後はごく普通の、全体とつりあった下着しか持たな
いようになったのである。(ルソー『告白』(中) 桑原武夫訳，岩波文庫，1997年，139頁。
下線は筆者)

　下着を42枚も持っていること自体に驚かされますが、清潔を維持し誇示する
ためにはこのくらいの枚数が必要だったのでしょう。ルソーはそのあたりの事
情を、はからずも「下着道楽」という言葉で証言してくれています。つまり、
「清潔を求めたあまり、贅沢に流れ、かなり金がかかった」のです。このこと
からわかるように、当時の清潔とはお金のかかることであり、一部の人びとの
みが享受できることでした。

　西洋近世の人びとが清潔の表現に「白い下着」が不可欠であるとしたのは、
白さが当時の漂白事情のなかで希少価値を持っていたからであり、「白い下着」
が清潔さのシンボルであると同時に、富のシンボルであったからなのです。ディ
ドロの『百科全書』の chemise の項目には、「下着は多かれ少なかれ上質な
平織り布でできているが、それはその人の身分しだいである」と記されていま
す。

✖ 6．マリー・アントワネットのシュミーズ・ドレス

　第15章図15-5は、ヴィジェ・ルブランが描いた、18世紀のファッションリ
ーダーでもあった王妃マリー・アントワネットの肖像画です。

　マリー・アントワネットのこの肖像画は、下着姿であるから王妃の肖像画と
してふさわしくないと批判され、ヴィジェ・ルブランは描き直させられました
(図15-6)。その背景には、当時の作法書において、シュミーズ姿で人前に出る

第4章　白さのヒエラルキー　　37

ことはエチケットに反するとされていたことがあります。しかし、この王妃の
シュミーズ・ドレスは、フランス革命後の19世紀のファッションを先取りした
ものとして知られているのです。贅沢な浪費家として非難を浴び、革命で断頭
台の露と消えたマリー・アントワネット。フランスのファッションは革命と共
に、彼女に象徴される華やかなファッションを否定する簡素なスタイルに変わ
ったとされています。しかし、皮肉なことに、彼女自身がその先鞭をつけまし
た。そして彼女の死後、19世紀になって、エンパイア・スタイル（仏語ではスティ
ル・アンピール）などと呼ばれて、シュミーズ・ドレスが大流行することにな
りました。

　このシンプルな王妃のシュミーズ・ドレスは、当時の漂白事情、下着道楽と
いうものを考えると、非常に贅沢なものであったとも言えます。シュミーズが
下着から昇格して表着になり、シュミーズ・ドレスとして流行した背景には、
簡素さという新しい価値観の浮上とか、古代ギリシャ・ローマへの憧れなどが
指摘されていますが、白いシュミーズは清潔であり、高価であり、高貴なもの
でもあるというイメージの連想もはたらいていたのかもしれません。

✖　7．清潔と白さのゆくえ

　下着が表着になっていく。たとえば、ヨーロッパ中世において鎖帷子の下に
身につけられていたプールポワンが、16世紀頃から表着になり、日本でも、も
ともと内衣であった小袖が、江戸時代頃から表着として発展したように、この
現象は、服飾史においてはかなり古くから見られることとも言えそうです。ヨー
ロッパ近世の白い下着は、建前は人に見せないものでありながら、清潔と豊
かさをアピールするために、表に見せるものとして機能しました。表へ表へと
下着が顔を出していくにつれて、下着＝白のイメージも揺れていきます。たと
えば現代のカラフルな下着の台頭は、これらが内に秘められたものでありなが
ら、明らかに親しい誰かの目に触れるであろうことを前提としているでしょう。
　2006年春夏のパリ・コレクションにおいて、クリスチャン・ディオールのジョ
ン・ガリアーノは、「ヌード」をキイワードにしたコレクションを発表しま

38　　第Ⅰ部　感覚──白さへのあこがれ

した。そのひとつに、白の反対色とも言える黒色の下着を、ヌードカラーである肌色のタンクトップの上に身につけているようにデザインされた作品があります。上衣となった下着の素材は黒いレース、ところどころわざと破いてあり、内側の肌色の部分を見せているあたりは、第1章でお話しした清潔の表現に一役買った16世紀の切り口装飾を彷彿とさせるものがあります。この表着になった黒い下着は、もはや清潔などという価値観とは異なる別のレヴェルの魅力に溢れ、私たちの美的感覚を妖しく刺激してきます。

　現代では、このような、色のついた下着を、もはや不潔とは感じません。衛生的であることが求められる医療現場の衣服も、白衣だけでなくピンクや水色のものが増えているように、パステルカラーが衛生的と思われ始めてもいます。現代社会において、白さはもはや貴重ではなく、白＝清潔のイメージは揺らいでいるかもしれませんが、ずいぶん昔から、洗濯用洗剤のコマーシャルには、洗浄力のアピールのため、真っ白いシャツの映像がお決まりのものとして流されているように、白さと清潔のイメージの結びつきが根強くあるのも事実です。そして、ウェディングドレスや白無垢の純潔でピュアなイメージとともに、白さへの憧れは、別の形でも続いているように思われます。

　黒いリボンを手首に巻いたり、肌触りの良い亜麻製の白い下着を身につけることが清潔であると信じられていた西洋近世の「清潔」は、目で見てわかる、そして皮膚感覚で感じることのできるものでした。そしてその感覚を、一部の人びとが独占しようとしていたのでした。白さへの憧れは、無意識のうちに継承されていく部分もありながら、21世紀の新しい清潔の概念は、思いもよらない方向へと変容し、私たちには未知の感覚が生まれてくることもあるのかもしれません。

第4章　白さのヒエラルキー　　39

第Ⅱ部

ジェンダー
―帽　子―

服飾について考えるとき、
ジェンダーの視点は不可欠だろう。
なぜなら、ヨーロッパにおいては、
中世来、服飾の性差は厳密であり続けたからである。
このような服飾によるジェンダーの表現とは、
色や形の差異だけにとどまるものではない。
ときには、男性の、女性の、考え方やふるまいさえも、規定する。
服飾によって演出されたジェンダーとは、
いかなる意味をもち、人の生き方と関わってきたのだろうか。

第 5 章
男になる

> 私たちは人に会ったとき、何を根拠に、あるいは何を基準にして、性差を感じるのでしょうか。このような私たちの判断は、無意識的なものですが、服装から性差を感じることは多いと思います。なかでも、ある種の帽子は、確実に男性性を象徴しています。なぜ帽子と男性が結びつくのでしょうか。

1．マグリットの帽子

　ベルギー出身のシュールレアリスムの画家、ルネ・マグリット（René Magritte, 1898-1967）の作品に、〈沈鬱な美男子〉（1950年）というものがあります。この作品には、山々を背景として、大きなチェスの駒が3本と、手前にシルクハットがひとつ置かれている様子が描かれています。そこにあるのはシルクハットのみですが（また厳密にいうと帽子には顔がうっすらと描かれているのですが）、絵のタイトルを見なくとも、私たちは、背景の山々を静かに眺めているであろうひとりの男性の姿を、この絵を見て想像するだろうと思われます。

　ほかにも、たとえば〈幸福な寄進者〉（1964年）、〈見ている思考〉（1965年）などの作品には、人物のシルエットのみが夜空に抜き出されているように描かれています。これらの作品も、見ている私たちは、そのシルエットは男性のものだと思うはずです。それは、おそらく、このシルエットが、山高帽をかぶっている男性のシルエットだとわかるからです。つまり、山高帽のシルエットがなければ、男性か女性なのかもわからないのでしょうけれど、帽子のシルエットがあるおかげで、私たちは、男性であると判断できるのです。

　つまり、これらのマグリットの絵からわかるのは、帽子があるだけで男性の

42

存在を暗示させられること、帽子が男性の象徴になっていること、帽子のシルエットだけで男性であるとわかってしまうことです。

マグリットの絵には、これらの絵に見られるような山高帽子が、作品のモチーフとしてよく描かれます。少なくとも25枚は描かれています。マグリット自身も自分の描く絵に似せて、常に山高帽をかぶって生活していました。マグリットの描く山高帽の象徴性に関してはいくつかの論考がありますが、これ以上は触れません。ここで確認したいのは、これらの帽子を見て男性を連想する感覚を、私たちが日常の意識のなかに持っているということです。

✖ 　2．男装の麗人

1856年9月6日のイギリスの『パンチ』誌に1枚の諷刺画が載っています。ドレスを着ているのに、帽子をかぶっている女性を男性と勘違いしてしまうというものです。「ごく自然なミス」ということばが添えられています。19世紀のイギリス社会では、女性の帽子着用は男性と見間違えるので、教会では許されないものとなっていました。

学生時代にはじめてヨーロッパ旅行をしてパリを訪ねたとき、憧れのコメディー・フランセーズでお芝居を観ました。演目はイギリスの文豪シェイクスピアの「お気に召すまま (仏題 Comme il vous plaira)」でした。お芝居の内容はなんとなく知ってはいたものの、まだフランス語を習いたての私は、フランス語でのお芝居にはまったくついていけませんでした。そのようななかで強烈に印象に残っているのが、男装のロザリンドが女性であることを明かす場面です。男装の彼女は帽子をかぶって髪の毛をそのなかに隠していたのですが、帽子を脱いで、ハラリと金髪のロングヘアが流れ落ちたところで、実は女であることが判明しました。帽子を脱いで髪が落ちてくる一瞬の光景が、男から女へ戻ったことを鮮やかに示したのでした。お芝居は、こんな風に、帽子ひとつで、女から男へ、男から女へという転換を表現できることに感心し、印象深いシーンとして心に残っています。

男装の麗人のお決まりのアイテムとして帽子というものがあるのでしょう。

第5章　男になる　　43

たとえば、映画『嘆きの天使』（1930年）や『モロッコ』（1930年）で人気を博し、歌手としても知られたかつてのハリウッドの大女優、マレーネ・ディートリッヒ（Marlene Dietrich, 1901–1992）は、しばしば男装で銀幕に現れたり舞台で歌ったりしましたが、たいていの場合、帽子をかぶっていました。映画『モロッコ』では燕尾服とシルクハットで登場するシーンが、ディートリッヒ自身も一番の見どころになると言っているほど大変有名で、その姿は女性のマニッシュ・ルックの元祖ともされています。もちろん、ズボンをはいているだけでも男装していることになりますが、男性の姿であることを強く印象づけたのは帽子でした。

✖ 3．帽子のない死者たち

少し時代をさかのぼった西洋近世において、帽子は男にとって欠くべからざる重要な装飾品でした。そのことを遺体調書の記述から確認してみます。

遺体調書の服飾記述は淡々と書き連ねられていますが、そのなかで他の服飾とは異なる記載の仕方がされているものがあります。それが帽子と履物です。これらが存在しないときには、わざわざ「存在しない」という事実が記されています。帽子や履物は本来常に存在する、必ず身につけているはずのものなので、わざわざ「ない」ことが記されているのです。帽子の場合、具体的には「無帽」（sans chapeau あるいは tête nue）と記されます。

遺体調書のなかで帽子に関する記述は男性遺体にしか見られませんので、帽子は女性のものではなく、もっぱら男性のものであったことがわかります。1701年から1789年までのリヨンの着衣の男性遺体の総数は236件、ボジョレの着衣の男性遺体は107件ありますが、そのうち「無帽」という記述は、リヨンでは29件、ボジョレでは9件あります。帽子（この場合 chapeau）があるものは、リヨン39件、ボジョレ31件で、縁なし帽（bonnet）があるのは、リヨン21件、ボジョレ16件です。

調査結果の帽子の有無に関する数字は多いとは言えませんが、帽子が簡単に着脱できるものであることを考えるならば、決して少なくない数字です。彼ら

が無帽であるのは、死後に盗まれたか、川に流されて散逸した結果と考えられます。歴史家たちが指摘しているように、帽子は宗教上の理由などから、古くから常にかぶるべきものとされており、なにもかぶっていないのは「無帽」とあえて記されるほどに、尋常でない事態でした。男たるもの、常に帽子をかぶっているものであったということを、これらの記述は教えています。帽子がないことは、彼らがすでに死んでしまっていることを証明するようなものでした。

✖ 4. 心臓よりも頭が大事

　　帽子は体のもっとも高貴な部分を覆うものであり、またそのために作られている。[…] だから、いつも帽子は頭にかぶって、か弱い脳を日光から守ろう。

これは、ルイ・セバスティアン・メルシエの『タブロー・ド・パリ』（1782年）のなかでの指摘です。西洋近世においては、頭部は心臓など他の身体部位よりはるかに重要視されて、帽子は体のもっとも高貴な部分を覆うものでした。命の源である頭部は壊れやすく、常になにかで覆っておく必要があったのです。

さらに時代をさかのぼると、中世においては、頭部は体のもっとも高貴な部分であると同時に、性的象徴性をも帯びていました。当時の帽子はその形自体が性的な意味を喚起させました。女性に挨拶をするときに帽子を取らなければ、男性は相手の女性に性的脅威を与えることになりました。男性の無帽状態は、したがって、性的中性を意味し、帽子に触れられることは、男性にとっては性器に触れられるも同然の侮辱を感じさせるものだったとさえ、歴史家のクロード・ゴーヴァールが指摘しています。

✖ 5. 殺人事件で狙われる帽子

ヨーロッパ近世において殺人事件などで狙われるのは、心臓ではなく、頭部

でした。帽子と羽根飾りが狙われたのです。帽子の羽根飾りをへし折られた者が、復讐のために相手を殺してしまうこともありました。頭部に触れられることが性器に触れられることに等しいくらいの意味があったことを思えば、羽根飾りをへし折られることがいかに屈辱的なことであったか、理解できるように思います。

　頭、帽子、羽根飾りは同じ意味作用を担っていて、頭は命の宿る場所、そこを飾る帽子は人格を表し、名誉、誇りを象徴するものでした。帽子を傷つけられたり喪失したりすることは、男性にとっては致命的なことだったのです。

　帽子が命に関わるものであることを示すシーンがエドモン・ロスタンの『シラノ・ド・ベルジュラック』（1897年）のなかにあります。第2幕第7場で、ド・ギッシュ伯爵というシラノの宿敵がシラノの命を狙って100人あまりの剣客を差し向けるのですが、シラノは彼らをものともせずに、たったひとりで立ち回り、あっけなく相手を負かしてしまいます。その逃げ出したり倒れたりした敵たちの帽子を、シラノの率いる部隊の者が剣に団子のように串刺しにして、シラノの元にもって来ます。串刺しにされたぼろぼろの帽子は、まさにシラノが戦った相手そのものであり、戦った相手の剣客たちがどれだけ無残に倒れたかを、帽子の哀れな様子が物語っています。まさに戦利品である帽子は、敗者の、つまり男たちの命を表すものだったといえます。

✖　6．シラノの羽根飾り

　ヨーロッパ近世の帽子は、シャルル・ペローの『長靴をはいた猫』（1697年）やアレクサンドル・デュマの『三銃士』（1844年）のイメージを思い描いてもらえればよいと思います。先にも述べたように、当時の男性の帽子には、図5－1のように大きな羽根飾りがついていました。

　以下は『シラノ・ド・ベルジュラック』の有名なラストシーンです。

　　シラノ　そうか、貴様達は俺のものをみな奪う気だな。月桂樹の冠も、薔薇の花
　　　　も！　さあ 奪れ！　だが、お気の毒だが、俺にはあの世に持って行くもの

がある。それも今夜。神のふところに抱かれる今夜、青色の天の入り口を広々と掃き清め、貴様たちなど構わずに、皺一つシミ一つつけずに持って行く。他でもない、それは……。
　ロクサーヌ　それは？
　シラノ　羽根飾りだ。

図5-1　サン・ティニ画（*Diversité d'habillement à la mode*, 文化学園大学図書館所蔵）＊17世紀前期の男性の帽子の羽根飾り。

　シラノが最後にあの世にもっていくという羽根飾りは、原文では panache となっています。衣服につけるものではなく、兜や帽子につける羽根飾りのことです。岩波文庫の邦訳では「こころいき」とルビが打たれています。この言葉には騎士としての心意気や勇気などの意味が含まれています。「月桂樹の冠」は詩人であり武人であるシラノの社会的名誉を表し、「薔薇の花」は永遠の恋人ロクサーヌを意味しています。名誉と恋人のふたつは、結局、他人に譲り、あるいは奪われてしまいますが、羽根飾りに象徴される男としての心意気だけは終生誰にも手渡さずにいたのでした。そのことを誇りに思いながら、シラノは死んでいきます。
　『シラノ・ド・ベルジュラック』は17世紀を舞台にして19世紀に作られた作品ですが、このような象徴性をもつ頭部の羽根飾りは、17世紀のほかの作品のなかにも見出されます。たとえば、ラ・フォンテーヌの『寓話』（1668年）のなかにある「ねずみといたちの合戦」という作品には、いたちを威嚇するために、ねずみたちが頭上に高々と羽根飾りを掲げているさまが描かれています。当時の礼儀作法書によれば、羽根飾りをつけること自体栄誉のしるしであって、誰もが身につけられるものではなかったのです。
　帽子は性差を際立たせる、帽子が男を作る、帽子は男そのものである、帽子は男の人格と命である、そのような数多くの帽子の物語がありました。冒頭で

第5章　男になる

述べたように、帽子と男性を結びつける私たちの共通認識は、長い歴史のなかで培われてきたものでした。帽子をめぐる意味作用は、おそらくヨーロッパ近世、つまり16世紀から18世紀の、フランスではアンシャン・レジームと呼ばれる時期に、はっきりと意図的に作られたものと思われます。

　ヨーロッパ近世における帽子をめぐる人びとのふるまいの特異性は、かなり以前から指摘されてきました。それが具体的にどういうもので、どういう意味があり、男性性と関わってきたのか、現代にまで続く帽子に対する私たちの感性はどのような歴史に基づいて形成されてきたかを、さらに深く探ってみたいと思います。

第 6 章
脱　帽

> 前章では、帽子が男性にとって命に代わるものといってもよいほど大切なものであったことをお話ししました。帽子は男性の誇りに関わるものでした。そのような帽子をめぐり、17世紀にはエチケットが生まれます。現代の日本語にも残る「脱帽」の意味がどのように誕生したのか探ります。

1．『ガリバー旅行記』と『浮雲』の帽子

　スウィフトの『ガリバー旅行記』（1726年）の最後に出てくる馬の国「フウイヌム国」の馬たちは、人間以上に立派な理性と高貴な人格（馬格？）の持ち主として描かれています。以下は、そのフウイヌム（馬）とガリバーがはじめて出会ったときの場面です。

　　二匹の馬は、一匹は青毛で、もう一匹は栗毛でしたが、彼らは私の顔と両手をしきりに見ていました。そのうちに青毛の馬が前足の蹄で私の帽子をぐるぐるなで回しました。帽子がすっかり歪んだので、私は一度脱いで、かむりなおしました。これを見て、彼らはひどくびっくりしたようでした。（『ガリバー旅行記』原民喜訳，講談社）

　フウイヌムの最初の挨拶は、ガリバーにとってはとんでもないものでした。ガリバーは即座に帽子をかぶりなおすのですが、人間の世界であれば、帽子を撫で回し歪めるなどという行為は、決闘を引き起こしかねないほどの非礼なふるまいです。しかし、フウイヌムにはそのような人間の側の理屈など通用しないので、この場面は人間界の余計な慣習を皮肉っている場面と言えるかもしれません。

図6-1 二葉亭四迷『浮雲』(第二編)の挿絵（明治21年, 15頁）＊「昇は忽ち平心低頭何事をかくどくどと言ひながら続けさまに二ツ三ツ礼拝した」場面。

図6-2 《帽子を脇の下に抱えて挨拶する男》（1624年, ジャック・カロ「ロレーヌの貴族」文化学園大学図書館所蔵）＊つば広のフェルト帽を挨拶するために抱えている。

　図6-1は、日本の近代小説の出発点になったとされる、二葉亭四迷の明治21年刊行の『浮雲』の挿絵です。中央にいるのがフロックコートに山高帽子をかぶった紳士、帽子を脱いで腰をかがめ敬礼しているのが和服姿の昇という登場人物です。身なりとふるまいで彼らの身分差は一目瞭然です。つまり、昇は文字通り「脱帽」して課長である洋装紳士に敬意を表しています。それに対し、課長はちょっと顔を向けただけで、帽子もかぶったままです。

　脱帽という言葉が敬意を表すこと、降伏や服従の意思を示すこと、降参することを意味するのは周知の通りです（図6-2）。現代では、ふるまいとしての脱帽はあまり行われなくなっているかもしれませんが、脱帽という言葉は残っています。帽子に非常に重要な意味を置くのは、ヨーロッパ近世の人びとに固有の感覚でもあったのでしょうが、それが現代の私たちの意識にもつながっているところはあるようです。脱帽が敬意を表すという意識はどのような歴史のなかで生まれたのでしょうか。

✕ 2．礼儀作法書の普及と服飾のエチケット

　すでに述べたように、西洋の近世、16世紀から18世紀にかけて、礼儀作法書の出版ブームがありました。これは、第1に、フランスにおいて、ルイ王朝の宮廷社会が形成されていくに当たって、そこで理想とされる紳士像がどのようなものかのモデルを示すものでした。また、第2に、キリスト教信者の模範的な行動様式を広めるものでした。いずれにしても、洗練された生活のあり方、あるいは生き方を教えるもので、その内容は、心の持ち方をはじめとして、具体的な生活のなかでの行動様式から衣生活のあり方までを説くものとなっています。

　これらの大量出版された礼儀作法書が人びとの感性と行動様式を洗練させていったことが、ドイツの社会学者ノルベルト・エリアスが『文明化の過程』（法政大学出版局, 1977年）を著して以来、指摘されてきました。しかし一方で、このような礼儀作法自体が特権階級のまさに特権の部分でもあったので、作法書にあるような洗練された感性と行動様式を共有できる人とそうできない人が区別されていくことにもなりました。礼儀作法には特権階級と庶民とを分け隔てていく側面があったのです。

　ここでは、アントワーヌ・ド・クルタン（Antoine de Courtin, 1622-1685）とジャン・バティスト・ド・ラ・サル（Jean-Baptiste de la Salle, 1651-1719）の作法書を挙げておきましょう。礼儀作法書には、服飾にまつわるさまざまなエチケットが記されています。クルタンの作法書では、男性にとっては帽子、マント、手袋、ハンカチーフ、女性にとっては顔を覆う黒いビロード製のマスクの扱いが重視されました。ラ・サルの作法書の場合、これらに靴下、靴、肌に直接身につけるシュミーズ、首に巻くクラヴァット（ネクタイの前身）が加えられます。このうち帽子、マント、手袋、女性のマスクに関する作法には共通点が見受けられます。これらの服飾をどのように身に着け、対人関係のなかでどのように扱うか、つまり、いつ、どこで、誰といるときに、どのようにタイミングを見計らって着脱するかということが論じられています。

第6章　脱帽　　51

3．帽子の作法

このような服飾のエチケットのなかで最大限の慎重さが要求されたのが帽子の扱いでした。クルタンの作法書ではもっとも多くの紙面が割かれており、ラ・サルも１章を帽子の作法の説明に費やしています。マント、手袋、マスクの作法は帽子のそれに準ずるものであり、帽子に比べると扱いがかなり小さくなっています。

たとえばクルタンの作法書では、第３章「衣服」のなかで帽子に関して３つの節が連続して割り当てられており、そのなかで、たとえば以下のような実に細かい指示が記されています。

問：子どもが帽子を取らなければならないのはいつですか。
答：次のような場合は完全に帽子を脱ぎます。

1. 教会のなかや身分の高い人がいる場に入る時。
2. 食卓につく時。
3. 挨拶をする時。
4. 人に何かを与えたり、受け取ったりする時。
5. イエス様の名が聞こえる時。帽子を脱いでいたり食卓についている時は頭を垂れること。
6. 聖職者、行政官、司法官、その他の身分の高い敬意を払うべき人の前では帽子を脱ぎます。

これは子どもの守るべきエチケットとして記されたものですが、大人の場合も同様でした。ただし大人の場合は、ここに書かれている６項目の状況のほかに、大貴族の館の控室や王妃や貴婦人の私室に入るときと、大貴族と共に歩くときには、帽子を脱がなければならないとされています。敬意を表さなければならない相手や事物の前で脱帽しなければならなかったことは、ラ・サルも述べていて、帽子の作法の基本でした。

敬意を払うべき相手の前では必ず帽子を脱ぐのが原則ですから、当然のことながら、目の前にいる人物と自分の身分とを常に心得て行動しなければならないことになります。この基本原則に従って、さらに詳細なシチュエーションご

との対応の仕方を作法書は説いています。

　たとえば、非常に親密な関係にある人や、自分と同じ身分の人が相手のときは、どうすればよいのか。こういうときはお互いに口には出さず、なんらかの合図を仕草によって示して、同時に帽子をかぶるようにしなければならなかったのです。また、自分より身分の低い人が無帽で話をしているときには、思いやりの気持ちを持って、相手に帽子をかぶらせましょう、というようなことが書かれています。逆に、自分より身分の高い人から帽子をかぶるように勧められたら、二、三度それを丁寧に断わった後にかぶらなければならなかったのです。さらに、自分より身分の上の人に帽子をかぶるように言うのは、非常に不作法なこととされました。帽子の作法が人間関係のかなりデリケートな問題になっていたことがわかります。

　目の前にいる相手との関係を考慮しつつ、帽子の着脱の時機を見極めることが重要でしたが、このような微に入り細にわたる注意は、マントなどほかの服飾には一切されていません。服飾にまつわる礼儀作法のなかでは帽子の作法がとりわけ厄介で、細かく神経を使わなければならなかったのでした。

✖ 　4. 国王の親裁座

　当時の社会においては、礼儀作法として作法書に明記されるだけでなく、帽子の着脱そのものに、万人の暗黙の合意を得た、厳密な意味作用が付与されていたことが考えられます。

　たとえば、貴族が集う国王の親裁座（lit de justice）の議事録を見ると、そこには逐一帽子の着脱が一定の決まった表現で記されており、奇異な感じがするほどです。1776年3月12日にヴェルサイユ宮殿で行われた国王の親裁座の議事録の一部には、次のような記録が見られます。

　　　王は着席し帽子をかぶっている。大法官が王の命令に従って述べた。「陛下が開廷するよう命じられました」。その後、王は脱帽し、再び帽子をかぶって、次のように言われた。「諸君、私は私の意向を伝えるためにあなた方を招集しました。大法官がそれをこれから説明します」。大法官が王の前に進み出て、足下に

第6章　脱帽　　53

膝まづき、命令を受け、再び自分の場所に戻り、着席し、帽子をかぶって言った。「王が帽子をかぶることを許可します」。[…] 大法官が次のように言った。「王が起立するよう命じます」。彼らは起立し、脱帽している。(下線は筆者)

このように、議事録には「着席し、帽子をかぶっている (assis et couvert)」、「脱帽し、再び帽子をかぶって (ôté et remis son chapeau)」、「王は帽子をかぶることを許可する (le roi permet qu'on se couvre)」、「起立し、脱帽している (restés debout et découverts)」という決まり文句が見られ、それらが何度も何度も繰り返し記録されています。一定の話が終わると帽子をかぶることが許され、誰かが話をするときは必ず立って話者に敬意を表し、無帽のまま話を聞くことになっていたのです。このように議事録に逐一記録された帽子の着脱行為は、帽子の作法の延長線上にあると思われますが、半ば儀式化された意味を担い、単調な議事の進行を助けるものであったのでしょうか。

5．民衆の暴力事件

また、民衆の暴力沙汰において、帽子の奪取がひとつの重要な攻撃目標となっていたことは前章で述べた通りです。帽子を奪うこと、相手の頭からふるい落とすこと、そのような行為が、重要な攻撃の手段になっていました。

暴力事件に関する刑事訴訟記録のそこかしこに、帽子の記述が特徴的に現れることが報告されています。帽子を落としたり落とされたりして、それが契機となって暴力沙汰が起こったのです。そして、無帽状態は、時には生命に関わる危機的状況を意味するものとして受け取られていました。

このように帽子の着脱のひとつひとつが記号化されて、民衆の間でも共通の暗黙の了解事項になっていたのでした。

6．こんにちは、クールベさん

最後に1枚の絵を紹介します。南フランスのモンペリエにファーブル美術館

というこぢんまりとした美術館があります。そこに19世紀フランスの写実主義の画家ギュスターヴ・クールベ（Gustave Courbet, 1819-1877）の〈出会い―こんにちは、クールベさん〉という作品が展示されています（図6-3）。男が三人、南仏の明るい青空のもと、散歩の途中でしょうか。出会って、帽子を脱いで、挨拶をしているところが描かれています。のどかな牧歌的な光景です。

ところが、実は、かなり緊張感のある場面でもあるようです。この場面は、クールベが自分の絵のパトロンである銀行家のアルフレッド・ブリュイヤスと出会ったところなのです。右にいる画材道具一式を背負っているのがクールベ、真ん中の落ち着いた雰囲気の男がブリュイヤス、そのとなりにいるのはブリュイヤスの従者です。クールベはパトロンに媚びることなく、対等の立場であることを示すために、同時に帽子を脱いで挨拶をしているわけです。帽子を脱ぐタイミングは一瞬でも遅れたり、早まったりしてはいけません。ややそっくり返って尊大な態度をとっているようにも見える彼の姿には、高邁な自尊心がかなりはっきりと表されています（図6-4）。何気ない、日常の風景ですが、そこには、描かれている両者の関係、心情

図6-3　ギュスターヴ・クールベ《出会い―こんにちは、クールベさん》（1854年，ファーブル美術館所蔵）

図6-4　キランボワ「《出会い》の戯画」（『イリュストラシオン』誌, 1855年7月21日）＊「クールベ氏の礼拝、マギの礼拝のレアリストによる模倣」と記されている。「こんにちは、クールベさん」の作品のなかに見られる、クールベ自身のナルシスト的な自尊心を見事に戯画化している。跪くブリュイヤスは帽子を裏返しにして、まるで物乞いをしているかのような姿である。

第6章　脱帽　55

など、いろいろな物語が込められているのです。

　帽子は、男の名誉や誇り、さらには命をも象徴するものでした。そのような帽子を脱ぐこと、つまり脱帽は、帽子が象徴するもののすべてを失うことを示す行為であったのです。それゆえに、脱帽は、まさしく相手への全面敗北を意味しました。自ら脱帽することは相手への負けを認める行為であり、そこから自分よりも高位の人、あるいは尊敬する人に対しての、謙譲の気持ちを表すと見なされるようになりました。このように、ヨーロッパ近世において、作法書のなかで明確に規定された意味が、現代社会に生きる私たちにも知らず知らずに受け継がれています。

第 7 章
喜　劇

　帽子には作法があり、適切なふるまいを要求するところがあります。しかし誰もがそれを格好良くきちんと行えるわけでもなく、ずれが生じたり、ちぐはぐなことが起きることもあります。そのようなとき、人はとても滑稽なものとして受け止め、帽子から喜劇が生まれることになりました。

1．笑いものになる帽子

　帽子ひとつの描写で、登場人物のその後の冴えない生涯を暗示するような小説があります。フローベール（Gustave Flaubert, 1821–1880）の写実主義文学の代表作『ボヴァリー夫人』（1857年）です。妻に裏切られても、気づきもせずに妻を寝取られたコキュとして生涯を終えたボヴァリー夫人の夫、シャルル・ボヴァリーは、小説の冒頭で奇妙な帽子とともに登場します。

　「新入」は［…］祈祷がすんでもまだ帽子を両膝にのせていた。その帽子は、コサック帽、槍騎兵帽、丸帽、川獺帽、ナイトキャップをまぜた正体不明のかぶりものだった。黙々とした醜さにかえって白痴の顔のような深刻な表情のある、世にもあわれな代物だった。楕円形で、鯨骨を張り、一番下には輪形の丸縁が三つ重なっている。次に、ビロードの菱模様とうさぎの毛の菱模様が、赤線に仕切られて互い違いになり、その上に多角形の厚紙をおき、これにこみ入った飾り紐で一面に縫い取りを施し、そこから金糸の小さい飾りを房にして、むやみと細長い紐の先にぶら下げてあった。帽子は新しく、ひさしは光っていた。
　「起立」と先生が言った。
　彼は起立した。帽子が落ちる。クラスじゅうが笑い出した。

かがんで拾おうとすると、隣の生徒が肘で帽子を突き落とした。彼はもう一度拾い上げた。

　「まあ、かぶとを脱ぎたまえ」と頓知屋の先生が言った。

　生徒たちがどっと笑ったので、かわいそうに少年はまごついて、帽子を手に持っていたものか、床に置いたものか、それともかぶったものかわからなくなった。(『フローベール全集1　ボヴァリー夫人』伊吹武彦訳，筑摩書房，一部筆者改訳)

　この少年シャルル・ボヴァリーのその後の人生を思うと単純には笑えない部分もありますが、帽子自体が奇妙奇天烈で、そのうえその帽子が不恰好に転がり落ちてしまうことで、クラスじゅうが爆笑の渦に包まれます。帽子の様子を詳細に描くことで、作者はシャルル・ボヴァリーという人物の、その後の情けない哀れな人生を予告しています。とくに引用文中最後の部分の帽子を手に持っていたものか、床に置いたものか、それともかぶったものかわからなくなった帽子の所在のなさは、クラスメートの目からすれば滑稽以外の何ものでもなかったでしょう。帽子があるべきところにきちんとおさまっていないことは、大いに笑いの種になってしまうものでした。

　前章では、西洋近世社会では、厳密な帽子の作法というものが存在していて、礼儀作法書のなかで細かく規定されていたことを紹介しました。そして、そのような帽子の着脱の意味を、特権階級の人びとも庶民も、基本的な部分では共有していたことを確認しました。また、帽子をめぐる人びとの心の動きも、ほぼ万人に共通するものがあることも指摘しました。

　けれども、礼儀作法書は主に貴族の子弟を対象にしたものなので、帽子の着脱の作法は文字の読める特権階級の人びとに限定されたものになっていました。したがって、そのような帽子の作法に適うふるまいを、誰もが共有できたわけではありません。帽子をめぐる人びとのふるまいの微妙なズレ、つまり、あるべきところにきちんとおさまっていない帽子は、非常に滑稽に見えることがあり、そこに喜劇が生まれることになりました。逆に言えば、帽子の着脱行為の意味を誰もが共有できていたからこそ、間の抜けた帽子の扱いの滑稽さが誰の目にも明らかに映ったのでした。

✖ 2．帽子の作法による喜劇：モリエールの場合

　文学作品のなかでも、同時代の風俗を鮮やかに描き出しているのが喜劇作品です。それらのなかからいくつか取り上げて、帽子のシーンを見てみましょう。フランス17世紀の喜劇では、主人と従者というように、身分違いの人物の組み合わせが登場することが多いのですが、そのような人間関係のなかで交わされる帽子のふるまいが生む状況が笑いを誘います。

　まず、社会諷刺がちりばめられているモリエール (Jean-Baptiste Poquelin Molière, 1622–1673) の作品から、『町人貴族』(1670年) の次の場面を見てみましょう。貧乏貴族のドラントはブルジョアで成り上がりのジュールダン氏に多額の借金をしています。ジュールダン氏は貴族に仲間入りしたいと熱望しており、貴族らしい趣味や身だしなみを身につけるためにいろいろと努力を重ねています。しかし、それらはほとんど空回りして、うまくいっていません。このようなジュールダン氏の貴族になりたいという願望につけ込んで、ドラントはさらにお金を工面してもらおうと思っています。

> ドラント　さあ、お帽子をかぶってください。
> ジュールダン氏　あなたに敬意を払わなければならないことは心得ております。
> ドラント　おやおや！　お帽子をどうぞ。私とあなたの仲ですよ、堅苦しいことはやめましょう。
> ジュールダン氏　でも……。
> ドラント　お帽子をかぶってくださいと言っているのですよ、ジュールダンさん。あなたは私の友だちなのですから。
> ジュールダン氏　私はあなたのしもべです。
> ドラント　あなたが帽子をかぶってくださらなければ私も帽子をかぶりません。
> ジュールダン氏　ではお気を悪くされてはいけませんから、失礼いたします。

（筆者訳，以下同様）

　借金まみれの青年貴族ドラントが、金持ちのジュールダン氏に卑屈に取り入ろうとしている様子がうかがえます。その様子は自分より身分の低いジュールダン氏に帽子をかぶらせようとしている姿で描き出されています。帽子をかぶ

第 7 章　喜劇　　59

らせることによって、貴族の自分と身分が同じであるかのように錯覚させて、いい気分にさせようとしているのです。貴族になりたがっているジュールダン氏は、敬意を表さなければならない相手の前では脱帽するという、礼儀作法書に書かれている作法について、一応の心得があるようにも見えますが、実際にはありきたりの言葉を猿真似しているだけです。そして、結局は、貴族のドラントよりも先に帽子をかぶってしまい、この場面の滑稽さを演出することになります。

　次に『女房学校』（1662年）の例を挙げてみましょう。無骨者のアルノルフとその使用人アランがやりとりする場面です。

　　アラン　旦那さま、わしらは……わしらは……おかげさまでわしらは……（アル
　　　ノルフはアランの頭から三度帽子を取る。その度にアランの言葉は止まる）
　　アルノルフ　この馬鹿め。誰に教わった？　俺の前で帽子をかぶったままものを
　　　言うなんて！

　敬意を表すべき人の前で脱帽するという帽子の作法を使用人アランがまったくわきまえていないために、アルノルフは憤慨しているのです。とは言え、作法書では、たとえ相手の身分が低くても、無理やり相手から帽子を取り上げることは認めていません。この場面からはアルノルフのやや粗暴な性格も読み取ることができます。しかもこのシーンでは、演出によっては三度目に帽子を取りあげるときに、それを投げ捨てることもありますから、アルノルフのふるまいは決して誉められたものではありません。使用人の無作法をなじるアルノルフ自身も、本当の意味では帽子の礼儀作法を会得していないことになるのです。ここでも、帽子の扱い方にちぐはぐな点があって、それが可笑しなものとして観客の目に映ります。

　このように帽子にまつわる滑稽な場面が描かれており、モリエールは帽子の扱い方ひとつで個々の人物像と登場人物の人間関係を浮かび上がらせようとしています。帽子の作法が介在することによって双方の心情に変化が生じ、その扱い方で人物間に摩擦が起きたり、融和が図られたり、軋轢が生じて力関係が顕わになったりします。帽子の着脱のタイミング次第で、どの程度の品格を備

えた人物なのかも露呈されて、そこに笑いが生まれるのです。当時の人びとは帽子ひとつに実に細かく神経を使い、感情を揺り動かされていたのでしょう。このような帽子にまつわる場面で、モリエールは帽子の扱い方の難しさと煩わしさを笑っているように思われます。

モリエールの作品をもう一篇引用しましょう。『ジョルジュ・ダンダン』(1668年)に次のような場面があります。

> ソタンヴィル氏　まず帽子を脱いで。この方は貴族であんたはそうじゃないんだから。
> ジョルジュ・ダンダン　(帽子を手に持ち、傍白) 畜生。

自分より身分の高い貴族の前で帽子を脱ぐのは当たり前のことであっても、あからさまにそうさせられることに対してジョルジュ・ダンダンはいまいましく思っています。しかも相手の貴族は自分の妻の浮気相手と思しき人物です。そういう相手に対して帽子を脱ぐことは屈辱以外のなにものでもありません。帽子の礼儀作法は、ジョルジュ・ダンダンがいまいましく思いながら帽子を脱いだように、たとえそれが笑いを誘うものであったとしても、人びとに身分社会の現実を日常生活の小さな行動によって否応なしに認識させ、植えつけていくものとなっていました。

3．帽子の作法による喜劇：マリヴォーの場合

モリエールに加えて1733年に初演されたマリヴォー(Pierre Carlet de Chamblain de Marivaux, 1688–1763)の喜劇『うまくいった策略』の冒頭場面を挙げてみます。農夫ブレーズが娘リゼットの婚礼に必要なお金の算段のために、青年貴族ドラントのもとにやって来ます。まず二人が出会って、当時の作法に従って帽子を脱ぎ合って挨拶を交わします。その後に続くのが次のようなやりとりです。

> ドラント　さあ、さあ、役に立てれば嬉しいのだが。
> ブレーズ　とんでもねえ！　旦那、嬉しいのは旦那じゃなく、こちらのほうで。

ドラント　話を聞かせてもらおう。

　ブレーズ　まずは、お帽子をどうぞ。

　ドラント　いや、私は帽子をかぶらない主義だ。

　ブレーズ　旦那らしく、ご立派で。わしはいつもかぶる主義。

　ドラント　いいから……

　ブレーズ　（笑って）やあ！　ではちょっと！　これでどうです？　ご機嫌いか
　　　　　　が、ドラントの旦那？

　頼みを聞いてもらう前に、農夫ブレーズが貴族のドラントに対し、おそらく
は身分の高い者に対し礼儀を尽くそうとする気持ちから「まずは、お帽子をど
うぞ（かぶってください）」と言います。この台詞は一見丁寧な印象を与えます
が、当時の作法から見ればまったく礼儀に適っていません。前章で見たよう
に、当時の作法書によれば自分より身分の高い者に帽子をかぶらせるのは不作
法とされていて、自分より身分の高い者から帽子をかぶるように言われても、
初めの二、三度はそれを断わらなければならないとされていました。さらに、
自分より身分の低い者が無帽で話をしているときには、相手を思いやって、帽
子をかぶらせなければなりません。したがって、ドラントが「いや、私は帽子
をかぶらない主義だ」と答えるのは、身分の低い者から帽子をかぶるように言
われたことに対して礼儀知らずな奴だと少々憮然としたからなのでしょう。あ
るいは、相手は自分より身分が低いとはいえいきなり帽子をかぶるのは作法に
反するという気持ちから言ったのかもしれません。男なら誰もが帽子をかぶっ
ていた時代ですから、「帽子をかぶらない主義」であるはずはありませんが、
ブレーズは青年貴族ドラントのそのような微妙な心の動きを理解することがで
きず、完全に無頓着に言葉を真に受けて、「わしはいつもかぶる主義」と応じ
てしまうのです。言うまでもなく、ブレーズの言っていることはあたりまえの
ことに過ぎません。ドラントがそのようなブレーズに対して「いいから……」
というのは、こいつはまともに相手にできないという思いから出た言葉なので
しょう。ここでもブレーズは呑気に的はずれな反応を示し、「やあ！　ではち
ょっと！　これでどうです？　ご機嫌いかが、ドラントの旦那？」とすっかり
気を良くして、先に帽子をかぶってしまったのです。

62　　第II部　ジェンダー――帽子

芝居のなかのささいな部分ですが、当時の帽子をめぐる厳密な礼儀作法を熟知している観客にとっては、非常に滑稽な場面であったにちがいありません。ブレーズがおどけて帽子をかぶった瞬間、観客がどっと笑うさまが目に浮かびます。高貴な人びとがやっていることを猿真似して格好をつけたブレーズは、一応彼なりに礼儀を尽くしたつもりでいるものの、貴族のドラントを差し置いて自分の方が先に帽子をかぶってしまい、帽子の扱い方をまったく心得ていないことを暴露してしまったのです。

　このように、無知と無邪気が重なって、農夫ブレーズが庶民の代表であることが浮かび上がってきます。おそらく大半がドラントと同じ身分の観客は、ドラントと同様にブレーズをしようのない輩だと思い、笑って許すのでしょう。それは、彼らの無意識下の階級意識によるものであるかもしれません。第2章、第3章で見てきたことからわかるように、同じ身分の者同士であれば、このような帽子をめぐるやりとりは決闘に結びつきかねませんが、相手が明らかに自分より身分が低いことから、作法の心得がなくても仕方がない、相手にするほどのことでもない、という気持ちが生まれます。結果として、ブレーズは一種の道化の役割を演じることに成功しています。これが芝居の冒頭に当たることから、この場面の笑いによって、観客の心はしっかりと喜劇の世界に引き込まれたはずです。

　帽子の扱い方ひとつでその人物のすべてが隠しようもなく露顕してしまう点に着目して、劇作家たちは人びとの心の動き、双方の微妙な関係、置かれている状況を滑稽に描きだすことに成功しました。帽子をめぐる行動の基本的な意味作用を誰もが共有して、帽子の作法はかなり広範に流布していたものの、作法書通りにそれをしっかり会得している人は多くはなかったのです。帽子をめぐるふるまいは着用者の身分と品格に結びついて、着用者が自覚しているかいないかに関わらず、目に見える形でそれらを映し出してしまうものとなっていました。

✄ 4．帽子をかぶったチャップリン

　往年の喜劇の帝王、チャーリー・チャップリン（Charles Chaplin, 1889–1977）は、その独特の風貌で現代にも続くコメディアン・スタイルの原型になっています。映画の撮影中に即興で何か面白いことをやってみせるようにいわれて、彼はあのチャップリン独特の服装を思いついたらしいのですが、こんな風に回想しています。

> 　だぶだぶのズボンに、きつすぎるほどの上着、小さな帽子に大きすぎる靴という、とにかくすべてにチグハグな対照というのが狙いだった。性格のことまではまだ考えていなかった。だが衣裳をつけ、メーキャップをやってみると、とたんにわたしは人物になりきっていた。それがどんな人間だが、しだいにわかりかけたばかりか、いよいよステージに立ったときには、すでにはっきり一人の人間が生まれていた。（チャールズ・チャップリン『チャップリン自伝』中野好夫訳，新潮社，1981年，pp. 161–152）

　こうして、社会の底辺に生きる人びとの姿を模倣したチャップリンは、彼らの悲哀とおかしみを体現していくことになりました。彼の滑稽さは、その姿がまるでちぐはぐなものであるところから生まれています。きちんと帽子をかぶって、きちんとした礼儀作法を身につけているのに、上着はきつ過ぎ、ズボンはだぶだぶのよれよれ、靴はあまりに大き過ぎるドタ靴。礼儀正しさの象徴である帽子と、それに不似合いなズボンと靴。彼の現実はだぶだぶよれよれのズボンと大きなぼろ靴の方にあります。帽子によって実体に不似合いな彼の礼儀正しさが浮き彫りになります。そのことによって醸し出される笑いがチャップリンの真骨頂でしょう。大切そうに帽子を抱えてドタ靴で駆け出していく姿には、まさしくドタバタ喜劇でありながらもなんともいえない哀感漂う人間味のある笑いが生まれます。

　帽子はあるべきふるまいを要求します。それが不似合いで不恰好であったり、あるべきところにおさまっていないときには、私たちの目にはどうしようもなく滑稽なものに映ってしまいます。こうして、帽子は喜劇を生んだのでした。

第 8 章
身体技法

　帽子は扱い方次第では、礼儀正しくも、滑稽にも見えてしまうものでした。そして、帽子はかぶったり脱いだりするだけでなく、身体全体のふるまいそのものにも影響を及ぼしました。本章では、帽子が男性の身体を鍛錬するツールにもなっていたことを述べていきます。

1. ロミオのフランス風挨拶

　『ロミオとジュリエット』（1595年）は、イギリスの文豪シェイクスピアのあまりにも有名な悲劇です。反目しているモンタギュー家とキャピュレット家に生まれたロミオとジュリエットが、運命的な出会いで恋に落ち、悲しい結末を迎えるという筋立てが、さまざまな悲恋物語のモデルとなっているのは言うまでもありません。そのロミオはどうやら、少しばかりフランスかぶれであるかのように、作品のなかでは描かれています。あの有名なバルコニーのシーンのあと、第2幕第4場で、友人マキューシオの前に現れたロミオは、こんな風に迎えられます。

　　ロミオ殿、ボン・ジュール！　貴様のズボンがフランス風なら、ご挨拶もおフランスでいこう。（松岡和子訳『ロミオとジュリエット』ちくま文庫）

　マキューシオはジュリエットとの逢引から帰ってきたロミオをからかったのですが、おそらく恋に盲目になっていること自体が、フランス中世にはじまる宮廷風恋愛をきどっているかのように思われたのでしょう。このフランス風の挨拶、いったいどのようなものだったのでしょうか。

65

舞台で演出される際には、このシーンは、帽子をひらひらさせながら、独特の身体所作を伴って演じられます。帽子を使った独特の挨拶はフランスに固有のものと長らく考えられてきましたが、その具体像と意味を探ってみたいと思います。

2. ダンスの教師が教える帽子の挨拶

帽子は着脱の時機を見極めて、きちんと作法にのっとって、かぶったり脱いだりすることが肝心であったことは、これまでお話しした通りです。しかし、ただ単に脱いだりかぶったりするだけで良かったのかというと、そうではありません。帽子を使ったフランス風の挨拶は、それなりの練習を必要とする身体作法であったからです。フランスの貴族たちは、この身体作法を、主にダンスの教師、つまりバレエの教師からわざわざ習って身につけていたのでした。

バレエの教師から挨拶を習う様子は、戯画化されて、モリエールの『町人貴族』（1670年）のなかで描かれています。貴族に成り上がるために努力を惜しまないジュールダン氏が、ダンスの教師に挨拶の手ほどきを頼みます。

> ジュールダン氏　ところで、侯爵夫人にご挨拶するにはどうしたらいいか教えてくれるかな。このあとやってみないといけないんね。
> ダンスの先生　侯爵夫人にご挨拶するにはどうしたらいいかですって？
> ［…］大きな敬意をこめてご挨拶なさりたいなら、まず後ずさりして会釈をひとつ、それから相手のほうに進みながら三回会釈をします。三度目の会釈では、相手の膝の高さまで身をかがめます。（『町人貴族』第2幕第1場，『モリエール全集8』秋山伸子訳）

ここでは一言も帽子に触れられていませんが、明らかに帽子をもって行う挨拶の練習を指しています。役者の身体の扱い方、演出の仕方によって、かなり滑稽に見えるシーンですが、喜劇なので、多少誇張があるとしても、実際にダンス教師が挨拶の仕方を教えていたことを物語っていて、それなりに当時のやり方を映し出しています。この挨拶の具体的な仕方については、次章で詳しく

お話しします。ここでは、ダンスの教師が理想とされる挨拶の仕方を教えていたという事実を頭に入れておきたいと思います。

3. 王は踊る

　そもそも、ダンス（バレエ）による身体の修練は、とくに17世紀のフランス貴族にとって不可欠なものでした。フランス宮廷のみならず、ヨーロッパ中の宮廷がフランス人のダンス教師を抱えていました。中世以来、貴族は物腰が優雅でなければならないとされてきました。ルネサンスになると、後の時代に大きな影響を与えたカスティリオーネやエラスムスの作法書の誕生に見られるように、貴族としてふさわしい立ち居ふるまいとしての礼儀（civilité）が確立します。この貴族としての身体的優雅さは修練を積んではじめて身につくもので、そのために、馬術やフェンシング、バレエのたしなみが重視されました。しかも、修練を積んだ痕跡を感じさせない、完璧に調和したさりげない身のこなしが求められたのです。

　太陽王と呼ばれたルイ14世がバレエをたしなんだことは有名です。太陽王と呼ばれたのは、1653年2月23日午後6時から明朝6時まで行われた「夜のバレエ」と称される宮廷バレエのフィナーレで、日の出に合わせるかのように、王が太陽に扮して登場したからです。しかも、ただ登場するばかりでなく、金粉を体中に塗りつけてキラキラ輝く太陽神アポロンの姿で、見事に踊ってみせたのです。これはモリエールのコメディー・バレエ『堂々たる恋人たち』の大団円の場です。

　2000年に公開されたジェラール・コルビオ監督の映画『王は踊る』は、ルイ14世その人がいかにバレエを重視していたかを史実に基づいて見事に描いたものです。そして踊る王のために、音楽家リュリをはじめとする芸術家たちが、庇護されつつも人生を翻弄されていた様子までが活写されています。ルイ14世は踊る身体を見せ続けることで、臣下たちの目に王なるものの姿を焼き付け、視線を惹き付け、人びとを支配した稀有な王様です。人並みはずれた強靭でしなやかで美しい肉体こそが王なのであり、臣下は、驚嘆と憧れの思いを込めて

第8章　身体技法　　67

王を見つめていたのでした。

　そのルイ14世の実際の身長は162センチメートルで、決して背の高い人ではありませんでした。自らを大きく見せるために、俗にルイヒールと呼ばれる11センチメートルもある赤いヒールの靴を履き、髪が薄くなってからは15センチメートルの高さがあるかつらをかぶっていたといわれています。小さな自分の体躯をさまざまな努力で大きく見せ、バレエというスペクタクルのなかで、イリュージョン的な効果を最大限に利用して、あるべき王の姿を現出させていたのです。

　このように王自らが演じるバレエは、王侯貴族にとっては社交生活のための気晴らしであったのではなく、精密にコントロールされた高度な動作技術を学ぶためのものでした。自らの身体を統御できることが貴族の重要な資質と見なされていましたから、ダンスは、身体を真剣に訓練するための技芸そのものでした。貴族が貴族たりうるための修行であり、心身の訓練によって得られた美しい物腰が、社会的エリート層である貴族とそうでない者たちを、外見的に分け隔てていたのです。誰よりも巧みに美しく踊る人こそが支配者たりえたのでしょう。

　そして、フランス風の帽子の挨拶とは、このようなダンスの訓練の一貫として習得されていました。ロミオが高度な動作技術を学んでいたかどうかはわかりません。

✂　4．フェンシングの帽子

　美しい身のこなしを実現するための訓練はバレエだけではありません。前述のように、フェンシング、つまり剣術もそのひとつでした。貴族本来の姿、つまり騎士としての身体を作り上げるために、フェンシングの素養が非常に重要視されました。実は、ここでも帽子は欠かせない小道具です。17世紀のフェンシングのルールでは、帽子の会釈が義務付けられており、決められた挨拶をしなければ試合が始まらないとされていました。ル・ペルシュが著した1635年の剣術の本には、次のように記されています。

構えの姿勢に入った後は、まず左の手で帽子を脱ぎ、それを左の膝の上に置く。右の足を左足の後ろへ一歩だけ引く。体は常にまっすぐに保っておく。それから足を戻す。つまり左の足を右足の後ろに引き、帽子をかぶる。その後で防御の体勢に入る。（鷲田清一・野村雅一編『叢書　身体と文化3　表象としての身体』401頁）

　剣術の技法のなかでさえ、帽子の着脱はコード化されて、組み込まれていました。このような実に細かいフェンシング上のルールがあって、その身体技法をしっかり身につけていなければ、剣術を習得しているものとは見なされなかったのです。

　しかも、剣術を巧みにこなす理想的な騎士であるためには、かぶるべき帽子の形も厳密に規定されていました。プリュヴィネルという当代きっての騎士が、王との会話のなかで、完璧な騎士を育成するためには、まず服装を整えるべきだとして、次のように述べています。

　　陛下、私は、騎士の帽子はあまり頑丈すぎず、美しい形のものが望ましいと思います。帽子の高さはおよそ6プス（長さの単位、1プスは約2.7センチメートル）、つばは3と2分の1プス、これは太陽の光が目に入らないようにするためです。片方が反り返り、羽飾りが優雅についていなければなりません。リボンはクレープ地、タフタ、金銀の織物、あるいは絹であり、頭がしっかりそのなかにおさまって、帽子が落ちたりしないようなものでなければなりません。（Antoine de Pluvinel, *Le Manège Royal*, 1624, Paris）

　貴族本来の姿である騎士の素養として、ダンスとフェンシングは不可欠のものでした。そのなかで、帽子は形が定められているばかりか、身体技法そのもののなかにしっかりと組み入れられていました。帽子の扱いが、身体を鍛錬することにつながっていたのです。

✼　5．ダンスの教本

　以上のような身体技法の粋を後世に伝えているのがダンスの教本です。そのひとつがラモー（Pierre Rameau，生没年不詳）の『ダンスの教師（*Le Maître à*

第8章　身体技法　69

danser)』（1725年）という書物です。彼は時のスペイン王妃のお小姓たちのダンス教師であり、これまで書き留められることのなかった過去の偉大なダンス教師たちの教えや技術をこの本で伝えると述べています。つまり、この教本で述べられていることは彼のオリジナルではなく、すでにこの時代に広く受け継がれてきていた、基本的なダンスの動作の記録ということになります。本のタイトルは、実はかなり長いものです。『ダンスの教師、すなわち均整の取れた完全なる技法に即してダンスの全ての異なるステップを教え、ステップごとに腕をどのように動かすか教える者。本書は銅版画の図で飾られており、それらは本書の実践にふさわしい全ての異なる動きの図示のためのものである。上手に踊ることを学びたい若者だけでなく、洗練された紳士にも有益であり、本書は彼らにあらゆる種類の人びとの集まる場にふさわしい上手な歩き方と挨拶の仕方とお辞儀の仕方の規則を教えるものである』。ただダンスの技術を教えるだけでなく、貴族たちの日常生活におけるさまざまな身のこなし方について教える、一種の作法書と言ってもよい内容です。

　ラモーの教本に添えられているさまざまなポーズの銅版画は、すべてラモー自身が描いたものです。素朴なタッチで描かれていますが、動作の基本をおさえるのに十分な図解になっています。服装もきちんと描かれていて、どんな装いでダンスをしていたかがよくわかります。貴族たちはすべて帽子をかぶっていて、フェンシングと同様に、帽子が不可欠だったことを想像させられます。

　先に登場した『町人貴族』のジュールダン氏も、帽子をかぶってからダンスを始めます。ダンスの教師にまず帽子をかぶるように促されるからです。ただ、彼の場合は、使用人の帽子をナイトキャップの上にチョコンとのせただけなので、ラモーの描いている帽子とは異なります。ラモーによれば、ダンスの帽子は、トリコルヌ（三角帽）と呼ばれたつば広のフェルト帽で、つばを3辺折り曲げたタイプになっています。宮廷人など当時の紳士たちがかぶっていた帽子で、非常によく用いられていた帽子でした。

✖ 6．ダンスの基本姿勢

　ラモーの教本では、最初に、ダンスの基本姿勢となる5つのポジションが解説されています。ルイ14世の時代の代表的な舞踊家であり振付師であったシャルル・ルイ・ボーシャンが作ったもので、現代のクラシックバレエでも基本のポジションとしてまず習得されるものです。ボーシャンは映画『王は踊る』にも、ルイ14世に踊りの演出のことで怒鳴りつけられる役柄で、少しだけ登場します。

　ここではこのボーシャンが作ったダンスの基本姿勢を解説しておきましょう。5つのポジションには1番から5番までの番号がつけられています。ボーシャンの作ったダンスの基本姿勢は、クラシックバレエという舞台芸術のなかで、およそ300年以上も受け継がれてきているのです。

　第1のポジション（図8-1）は、両脚をしっかり伸ばし、左右の靴のかかとをつけて、つま先は外に向けてしっかり開きます。姿勢もまっすぐに保ちます。

　第2のポジション（図8-2）は、第1のポジションから、足を外に開くようにかかとを離して立ちます。このとき、両太腿も離すようにします。そして胴体もまっすぐに両脚に乗せるようにして、左右のどちらかに重心が傾くことのないようにします。

　第3のポジション（図8-3）は、両脚が互いにぴったりはめ込まれているような立ち方です。そのため、アンボワチュール（emboîture：接合部、組み継ぎ）という異名をもつポジションです。具体的には両脚を垂直に構えます。そして左足を少しだけ前に出しますが、左足のかかとを右足のかかとにぴったりとつけて図のように交差させます。このポーズは上手に踊るためのかなり重要な立ち方であるとラモーは述べています。

　第4のポジション（図8-4）は、前に進むにしろ、後ろに進むにしろ、動きをスムーズにするための基本になる立ち方です。つまり右足を少し後ろに、左足を少し前に配置することになります。

　第5のポジション（図8-5）は、右に行くにしろ、左に行くにしろ、体を前

第8章　身体技法　　71

面に向け固定したままでいられる立ち方です。交差する足のかかとは後ろの足のつま先にくっつけて、後ろの足のつま先を越えてはいけません。

　このように、ダンスの基本姿勢は、まず美しく立つことにあります。美しい立ち姿のために、足の動作と配置が重要なのです。帽子の話では頭の話が中心になりがちですが、ダンスそのものに関して言えば、脚の動きに基本があるようです。

　ラモーの版画を見ると、ダンスを踊る際の男性の服装は、いわゆるジュストコールと呼ばれる上着を身につけているように思われます。当時の代表的な宮廷服ですが、その名が表す「体にピッタリフィットした (just au corps)」という意味と比較すると、実際には逆に、腰から下に襞がたっぷり寄せられて、ゆったりしているように見えます。ジュストコールの腰から下の襞は、ダンスの際に、脚を自由自在に動かすためのゆとりを作っているのかもしれません。

　次章では、ラモーのダンスの教本に記されている帽子の扱い方、帽子の挨拶の仕方を具体的に紹介して、マキューシオがふざけてロミオにしてみせたフランス風の挨拶の正体を探ります。

図8−1　第1のポジションの図.（ピエール・ラモー『ダンスの教師』1725年の挿絵）＊ラモー自身による版画。図の左下に彼のサインが入っている。かぶっている帽子はトリコルヌ。上着はジュストコール。靴はおそらくルイヒール。

図8−2　第2のポジションの図（同書）

図8−3　第3のポジションの図（同書）

図8−4　第4のポジションの図（同書）

図8−5　第5のポジションの図（同書）

第8章　身体技法　73

第 9 章
品　格

いつの時代にも時代と社会の求める品格というものがあるのかもしれません。とくにヨーロッパ近世においては、紳士の気品とはいかなるものなのか、さまざまな礼儀作法書のなかで事細かに議論されていました。しかもこの男性の品の良し悪しは、帽子の扱い方によって測られているものでもありました。

1．帽子の優雅な挨拶

　ロミオがフランス風の挨拶を気取っていたことについては前章で述べましたが、このフランス風挨拶とは具体的にどのようなものだったのでしょうか。ダンス教師によって教えられ、相当の身体訓練を要するフランス紳士の品格ある帽子の挨拶について探ります。まずは作法書を見てみますと、理想的な紳士像を描く作法書のなかには、挨拶の仕方について、たとえば次のようなことが記されています。

　　問　挨拶をするときは帽子をどのように脱ぎますか。
　　答　右手を使って、完全に、優雅(ド・ラ・ボンヌ・グラース)に脱ぎます。
　　問　帽子を脱いだまま立っていなければならない時、帽子をどのように持ちますか。
　　答　脱ぎ方にしたがって帽子を取った後、内側を自分の方に向け、左脇の下に抱えます。あるいは自分の前、左脇腹の上に置いて、両手で押さえて支えます。(Antoine de Courtin, *Traité de la civilité*, 1681)

つまり、優雅なしかるべき脱ぎ方が存在したのですが、それが具体的にどういうものであったのかは、作法書には記されていません。一方、前章から見ているピエール・ラモーの『ダンスの教師』（1725年）には、帽子を使った挨拶とお辞儀の仕方について多くのページが割かれています。貴族の日常の身体所作のなかで帽子にまつわるものが重視されていたことがうかがえます。

　ラモーは、いかなる身分であろうと万人が知っておく必要のあることは、しかるべき方法で自分の帽子を脱いで美しい挨拶ができることであると述べ、なによりも美しい挨拶ができることを力説しています。

✖　2．帽子の脱ぎ方とかぶり方

　それでは、ラモーが力説するしかるべき方法で帽子を脱ぐ美しい挨拶とは、具体的にどのようなものであったでしょうか。

　帽子を脱がなければ挨拶をすることはできませんが、ただ無造作に脱ぐだけではいけません。ラモーの教本第10章に、帽子の脱ぎ方とかぶり方について、非常に詳しく、具体的な図解付きで説明されています。

　　誰かに挨拶をする時には、この第1図［図9-1］が示しているように、右腕を肩の高さまで上げて、手を図に描かれている2のように開き、帽子を取るために半円を描くようにして肘を曲げ、図の「肘を曲げる（ply du coude）」という文字に沿って動かさなければならない。次に第2図［図9-2］に見られるように、肘を曲げ、手は第1図で示したように開く。手を頭に近づけて、頭は動かさず、親指を額の側に置き、4本の指は帽子のつばの上に当てる。親指と4本の指を閉じて、親指の動きで帽子を持ち上げ、4本の指で帽子を保持する。腕をもう少し高く上げ、帽子を頭の上に完全に持ち上げ、腕を伸ばして自分の脇に振り下ろす。「腕がたどる道筋（chemin que le bras fait）」と書いてあるところをたどる。そして第3図［図9-3］のように帽子を体の脇に持つ。

　このように腕や頭ばかりか指の動きに至るまで、細かい指示がなされ、ラモー自身の描いた図が理解を助けてくれます。ラモーは3つの図に分けていますが、実際には3つをひとつの動きとして行うようにと補足しています。ひとつ

第9章　品格　　75

図9-1 ラモー自身による版画（Pierre Rameau, *Le Maître à danser*, 1725）＊帽子を脱ぐための最初のポーズ。文章中では「肘を曲げる　ply du coude」とされているが、図中では plie du coude となっている。

図9-2 帽子を脱ぐ練習の第2の姿勢（同書）＊文章中では「腕がたどる道筋。chemin que le bras fait」とされているが、図中では Chemin que fais le bra となっている。

ひとつの動きで止まってしまうようでは、優雅であるどころか、ばからしく見えてしまうというのです。

帽子のかぶり方については次のように解説されています。

　　帽子をかぶるには、帽子を脱ぐのと同じ規則を守らなければならない。自分の脇に帽子を持っている状態から、肩の高さまで肘を曲げて腕を持ち上げ、頭の上に帽子を置いて、同時に手でつばを押さえて深くかぶる。2回に分けて行ったり、手を帽子の真ん中に当ててはいけない。帽子をかぶるために頭を動かしてはならない。腕と手を使ってかぶること。

さらに細かい注意が続きます。帽子を脱ぐのが難しくなるほど深くかぶってはいけない。腕と手を前に伸ばし過ぎると、顔を隠してしまうのでよくない。帽子を脱ぐときもかぶるときも、頭を下げてはいけない。帽子を顔の前に落とさないように気をつけること。帽子を無造作に自分の面前に持ってくると印象

を悪くする。帽子の折り返したつばの先端を左目の上にすると顔がよく見えるのでよい。帽子を後ろにかぶり過ぎると間の抜けた感じになる。前に深くかぶり過ぎると陰険な印象か、怒っているか、考えにふけっている印象を与えてしまう、云々。

3．前への挨拶

帽子を脱いだ後にする挨拶の仕方には、日々遭遇するさまざまなシチュエーションに応じていくつかの方法がありました。なかでももっともよく行われる挨拶の仕方は「前への挨拶（révérence en avant）」です。ラモーは第11章で次のように説明します。

> 体をまっすぐにし、右足でも左足でもいいので前へ足を滑らせ、４番のポジションに足を持っていく。[…] 前へ静かに足を持っていく。体は後ろの脚の上に乗せたまま。後ろの脚の膝は体の重みで曲げ、前にある脚をしっかりと伸ばす。お辞儀は挨拶をする相手の身分に従って深くする。頭も下げる。挨拶で重要なのは、お腹を曲げた時に後ろの脚の膝を伸ばさないこと。そんなことをすれば腰が上がってしまう。

この挨拶の様子は図９−３から図９−５に描かれています。４番のポジションとは前回お話ししたダンスの基本姿勢です。静かに足を床に滑らせる動きはパ・グリッセ（pas glissés）と呼ばれ、跳躍をあまり好まない当時のダンスにおいて基本的かつ重要な動作でした。前への挨拶は、足を前に滑らせ、重心を置く位置を考え、脚を曲げ伸ばしすることに気を配らなければなりませんでした。前へひょいと体を折り曲げるだけでは美しい会釈にならないのです。お辞儀は挨拶をする相手の身分、つまり位階や序列に従って深くしなければなりませんでした。帽子を用いた挨拶はなによりも相手に敬意を表すものであり、お辞儀の深さとその仕方によって身分の上下を確認するのが、当時のコミュニケーションのとり方の基本だからです。

身を起こす時は、お辞儀をしたときと同じように静かに行い、通常後ろにす

図9-3　前への挨拶のための最初のポーズ（同書）＊正面から見たもの。

図9-4　前への挨拶におけるお辞儀の図（同書）＊正面から見たもの。

図9-5　図9-4のポーズを横から見たもの（同書）

る第2の挨拶のために身体の重心の位置を工夫して、後ろの足を自由に動かせるようにしました。前への挨拶のヴァリエーションとしては、歩きながらの挨拶や横向きの挨拶がありました。

✵　4．後ろへの挨拶

しかし、ラモーがなによりも重要な挨拶の仕方として強調するのは第2の挨拶、すなわち前への挨拶よりもさらに相手への敬意のこもったものとなる「後ろへの挨拶（révérence en arrière）」でした。

　　帽子を手に持ち、4番のポジションで立ち、図が示すように左足の上に体を乗せ、右足は動く準備ができていて、図の第2の線上に動かす［図9-6］。［…］次に第2図［図9-7］が示すように2番のポジションで身をかがめる。体は右脚［図9-7が示す3］の上に乗り、左足［同様に図9-7の4］は動く準備ができている。左足を静かに右足の後ろへ、つまり3番のポジションに持っていき、脚を後ろに引きながら上体を起こし、体を垂直にする。

78　第Ⅱ部　ジェンダー──帽子

図9-6　後ろへの挨拶のための最初のポーズ（同書）　　図9-7　後ろへの挨拶のための第2のポーズ（同書）

　ここでは左右の足が決められていますが、両方の足でできるように練習を積むこと、とラモーは追記しています。
　以上のような前への挨拶と後ろへの挨拶をシチュエーションごとに使い分けたり組み合わせたりしましたが、身分の高い人の館に入っていくときは、扉を開けて中に入ったところでまず前への挨拶をし、その後に後ろへの挨拶を行うのが礼儀に適っていて好ましいとされました。

5. 上品な挨拶（ボンヌ・グラース）

　このようにかなり詳しく挨拶の仕方が解説されていますが、これをマニュアル通りにやればそれでいいかというと、そうではありません。この挨拶のなかに、グラース（grace）という資質が醸し出されることが期待されたのです。たとえば、ラモーは次のように述べています。
　ダンスの前にする挨拶は、後ろへの挨拶と同様に、いくつかの特別な知識を要す

第9章　品格　　79

図9-8　王の御前で男女のカップルがダンスを披露する様子（同書）＊踊り手ふたりの正面に座っているのが王。王の前に進み出て帽子をとり挨拶をする。王のみが帽子をかぶっており、周囲の貴族の男女は無帽。手前では楽団が楽器を奏でている。

る。この挨拶を上手に行うためには、私が与える規則に注意を払うこと。というのも、どんな集まりであるにせよ、人びとは通常、これから踊る人を非常な好奇心を持って見るからである。そこへ上品に現れるならば、たとえ完璧に踊れなくても、あなたは自分に人びとの好意を引き付けることができるだろう。だから上品な挨拶ができるようになることには価値がある。（図9-8）

ラモーの教える上品な挨拶ができれば、たとえダンスがうまく踊れなくても、社交界で十分に自分の存在を認めてもらうことができるというのです。

　ここでいうグラースとは、つまりは気品ということになりますが、教本のなかで、繰り返し出てくる言葉で、美しい身体所作の本質として重視されています。便宜上、気品あるいは優雅と訳すことはできますが、この言葉はもう少し深い意味のある言葉です。

　当時の辞書類を参考にすると、第1に「神の恩寵と善意」であり、第2に「身分の高い人から受ける寵愛や特別の好意や恩恵」、第3に「魅力」になります。目に見えない力、つまり神の力によって人に与えられたものとされているのです。重要なのは、わざとらしいふるまいのなかには見られず、自由で自然なふるまいのなかに見られるということです。自然らしさはグラースに認められる基本的なあり方で、ボンヌ・グラース（bonne grace）とは物腰や言葉の、内側からあふれでる自然なエレガンスであるとされています。それは結局、当

時の礼儀作法書が求めている人間の内面と外見の一致という理想に適うもので
あったと言えるでしょう。

✖ 6．挨拶すらわからないスガナレル

　モリエールの『亭主学校』（1661年）には、スガナレルという時代遅れの格好
をした頑固で分からず屋の男が出てきます。彼にはイザベルという義理の娘が
おり、この娘をヴァレールという青年貴族が恋い慕っています。ヴァレールは
召使のエルガストを引き連れて、どうにかしてイザベルに近づこうと目論んで
います。そのひとつの方法として、保護者であるスガナレルと知り合いになるこ
とを思いついて、以下のように場面が展開します。

> ヴァレール　エルガスト、ほらあいつが憎らしい番人、僕の愛する人の厳格な保
> 　　　　　護者だ。［…］近づいて知り合いになろう。［…］あいつ、自分が挨拶されて
> 　　　　　いるのに気づかないよ。
> エルガスト　こっちの眼が悪いんですよ。右側に回りましょう。［…］
> スガナレル　うーん、話し声がしたな。［…］え…？　そら耳かな？［…］俺に用？
> 　　　　　［…］何だ…？　またか？　何度も帽子を取りやがって！
> ヴァレール：あの、お邪魔でしょうか？

　これらの台詞だけを読んでいると、一体どういう状況なのか皆目わからない
かもしれません。実はこの場面には、スガナレルに敬意を表して、ヴァレール
がラモーの説いているような優雅な帽子の挨拶を行っているのに対し、無粋者
のスガナレルが、それをまったく理解できないでいる状況が描かれているので
す。スガナレルは貴族らしい優雅な動きを伴う挨拶とは無縁の人物なのです。
ヴァレールはおそらく、ラモーが言っているように、右手で帽子を取り、右へ
左へと、あるいは前へ後ろへと、何度も丁寧に挨拶をしているのでしょう。し
かしスガナレルは気づきません。作法への無知さ加減が彼の社会的文化的身分
の低さをあらわにしているといってもよいでしょう。当時のフランス社会に
は、上品な身体所作の意味を共有できる人びととそうでない人びととがいて、両

第9章　品格　　81

者の行動様式の隔たりを突いている非常に滑稽な場面です。

　このように、帽子の挨拶に伴う身体表現は、修練によって身につけ自分のものとしている特権的な集団のなかだけで通用したのであり、それ以外の人びと、とくに庶民階層との間には大きな溝を作り出すものとなっていました。

✖ 7．帽子が表す品格とは

　また、この溝を越えるべく貴族のふるまいを真似ることは容易ではありませんでした。モリエールの『町人貴族』(1670年) の主人公ジュールダン氏を思い起こしてみるとよくわかります。成金の彼は、貴族になろうとして、その装いや立ち居ふるまいを懸命に真似るものの、ダンスもフェンシングもなにひとつ習得することができずにいます。彼の間の抜けた人柄と、洗練されない言動と、不釣合いな貴族風の衣装との、ちぐはぐなコンビネーションによって、貴族になりたいという身の程知らずの願望が、見事な戯画として舞台上に描き出されているのです。フィリップ・ボーサンが『ヴェルサイユの詩学』(平凡社, 1986年) で述べているように、17世紀が嘲笑したのはジュールダン氏の愚かさであり、そのぎこちなさであると言えるでしょう。つまりジュールダン氏の内側と外側の矛盾と齟齬という不自然さが、観客の笑いを誘ったのです。

　ロジェ・シャルチエが『読書と読者』(みすず書房, 1994年) で述べているように、当時の礼儀作法では、ひとりの人間の内面と外見の一致が求められました。教養を身につけ、心と身体の調和、さらに身体の動きと服飾の調和を図ることによって、貴族が貴族たりうる優雅な身ごなしが完成しました。身体所作の訓練によって獲得されたグラースという資質は、言わば人間の内側と外側の一致という理想を実現するものであり、人として卓越した存在になる手段であったのです。それこそが当時のまさに品格というものでした。

　フランス近世の宮廷人たちはさまざまな形で自らの特権化と差異化を図ろうとしましたが、帽子をめぐる身体表現はその顕著なひとつの例と言えましょう。特権階級は心身の修練を積むことによって、日常的な何気ない所作においても、自らを神の恩寵にあずかる特別な存在として、視覚的に際立たせようと

したのです。そのことがヨーロッパ近世の帽子をめぐる、とりわけ男性のふるまいに秘められた意味でした。

✕ 8．帽子が語るもの

　ヨーロッパ近世において、男性の帽子は実にさまざまなことを語っています。まず、男の誇りと名誉に関わり、男が男らしくあるための必需品で、命と同等の価値を持ちました。脱帽は屈辱であり、現在でも全面敗北を意味する言葉として残っています。帽子はしかるべきふるまいを要求し、それがちぐはぐであれば、笑いと蔑みの対象になりました。帽子の扱いは男たるものの身体訓練に結びつき、さらには、本章で述べたように、着用者の品格を表しました。男性の品格を雄弁に物語る帽子は、いっぽうで、当時の身分社会をも映し出すものでした。

　現代の私たちには不思議に思える部分もあるヨーロッパ近世の帽子文化ですが、帽子が語っているものは人間そのものと、その人間の生きた社会と文化の姿と言えるでしょう。とりわけ当時の社会が男性になにを求めていたのか、帽子は語っているように思います。

第9章　品格　　83

第III部

コミュニケーション
―エチケット―

コミュニケーション・ツールは言葉だけではない。
私たちは、服飾を通しても、メッセージを伝え合っている。
なぜなら、服飾にはエチケットが存在するから。
エチケットは同じ文化を共有する人たちの間での社会通念であり、
守るべきものであるだろう。
しかし、いっぽうで、これを崩したり、
反発したりする現象が起きるのも常の事である。
エチケットを多面的に捉えながら、
服装規範が誕生したフランス近世に、
現代に連なる、
服飾によるコミュニケーションの原点を探る。

第 10 章
従　う

服飾のエチケットは、大量出版された17世紀の礼儀作法書によって広まり、貴族が中心になってこれらの規範を身につけるようになりました。規範に従うことこそが、洗練されたファッションであるとも見なされていました。服装規範が生まれた17世紀に、現代にも通じるエチケットのルーツをたどります。

1．服飾はメッセージを伝える

　2007年春夏パリ・オートクチュール・コレクションで、On aura tout vu（オノラトゥヴュ）というブランドが面白いコレクションを発表しました。テーマは「メッセージ」。衣服はコミュニケーション・ツールでもある、という考え方をデザイン化したものです。伝書鳩を肩に乗せたモデルの登場からはじまり、携帯電話を腰のあたりからたくさん突き立ててみたり、付箋紙を服の表面に貼り付けたり、モデルが観客に手紙を渡してみたりといった形で、デザイン自体も演出もかなり奇想天外なものばかりでしたが、服を着る行為が周囲の人びとへメッセージを発することになるという考えに基づいた作品群でした。

　たとえばTシャツにいろいろなメッセージやスローガンを書くことは、もっとも顕著な事例でしょう。そうでなくとも、悲しみの気持ちを喪服で表現したり、結婚式に招待されれば新郎新婦を祝福する気持ちを普段着とはちがった正装で表現したりします。また、初対面の人に出会ったときには、言葉を交わす前に、まずその人の服装や外見をみて、私たちは第一印象を抱くものです。しかも、その第一印象は、その後のその人との関係を左右するものになること

もあるでしょう。このように、私たちが日頃何気なく行っているコミュニケーションは、言葉だけではなくて、言葉以外の見た目や服装によっても行われています。服飾は非言語コミュニケーションの手段であるということもできるかもしれません。

コミュニケーション・ツールとしての服飾、そのもっとも典型的なものは、服装によるエチケットでしょう。いつの時代も、おしゃれをする際には、エチケットやTPOは常に大切にしなければならないと思います。私たちの現代生活のなかでも、当たり前のようになっている服装規範がありますが、とくにヨーロッパ近世（16〜18世紀）は服飾（言い換えるならばモード）とエチケットが緊密に結び合う関係にありました。当時の礼儀作法書の代表であるアントワーヌ・ド・クルタンの著作では、「モードは絶対的な教師である。作法からはずれたくないのであれば、私たちの衣服をモードに従わせるべきだ」と述べていて、この時代において、エチケットにかなった装いは最新流行の服飾に身を包むこととほぼ同義であったことを示しています。まさにエチケットと服飾がひとつになっていた時代と言えます。

✖ 2．ファッション情報満載の礼儀作法書

すでに述べているように、ヨーロッパでは、宮廷社会が整えられていく17世紀頃から、宮廷人たるものの心得や行動様式を説いた礼儀作法書が続々と刊行されました。当時のモード情報のメディアとしては、服飾版画（ファッション・プレート）、『メルキュール・ギャラン』などの総合情報誌、パリからヨーロッパ各地の宮廷に定期的に送られたファッション人形などが知られていますが、これらを補完するものとして、礼儀作法書が存在していました。礼儀作法書では、立ち居ふるまいや身体管理の問題が語られるなかで、外見や装いについて言及されています。服にまつわる約束事と流行に対する心構えが記されているため、服飾に関する貴重な情報源であり、また衣生活の模範を示すものとなっていました。

礼儀作法書には、どのような服をどのように身につけたらいいのか、扱い方

第10章　従う　87

やTPOも含めて、そのモデルが示されています。当時の服装規範の基本は、次の3点にまとめられるでしょう。

① いつ、誰といるときにどのように着脱したらよいのか（着るのか着ないのか）。

② 着こなし方。

③ モードに対しての心構え。

これらのなかで、とくに、①のように、いつ、誰といっしょにいるときに、身につけているものを脱いだり着たりするかということが、当時の人びとにとっては、重大な関心事になっていたようです。つまり、このやり方次第で、人間関係が円滑にいくか否かが左右されてしまうからでした。

✖ 3．服装規範に従う

具体的に、当時の服装規範のなかで重視されたのは、次の服飾品の扱い方でした。男性にとっては帽子、マント、手袋、ハンカチーフ、靴下、靴、シュミーズ（下着）、クラヴァット（襟巻き）、女性にとってはマスク（黒い仮面）です。これらのエチケットをアントワーヌ・ド・クルタンやジャン・バティスト・ド・ラ・サルなどの礼儀作法書を参考にして紹介します。

敬意を表す

まず服装規範とは、とりわけ敬意をはらうべき相手や事物に対して行うエチケットでした。具体的にはマントや手袋、帽子などがその例になります。帽子は第Ⅱ部で述べた通りですので、マントと手袋で説明しましょう。まずマントには、身につける場とそうでない場がありました。たとえば、クルタンの子どもに向けた作法書によれば、マントは次のように扱うものでした。

問　マントはいつ身につけていなければなりませんか。

答　教会にいるときと食卓についているときにマントを身につけているのは礼儀正しいことです。

問　教会や敬意を払うべき人びとがいる場に、マントを羽織って入ってもよいで

すか。

　答　いいえ、それは礼儀に反します。そのようにして王太子の館に入っていけば
　　　人びとの叱責を受けることになります。

　教育者でもあったラ・サルの作法書によれば、王太子の館にマントを身につ
けたまま入っていけば、叱責されるどころか、追い払われることにもなりかね
ないとされています。このように、敬意を払うべき人やものの前では身につけ
ているものを取るというのは、服装規範の基本的な考え方でした。大人も同様
です。王のいる場や大貴族のいるところにマントを身につけて入るのは無作法
であるとされました。また次のような注意もされています。

　　　話しかけたい相手のマントやローブを引っ張るのは無作法である。とくに、その
　　　人が身分の高い人であるときはなおさらである。

　マントを羽織るべき場所、シチュエーション、羽織り方、そして、他人の着
用しているマントとの距離のとり方を心得ていることが大切でした。マントと
手袋は中世以来、騎士なら誰でも身につけているもので、騎士であることの証
とも言えるものでした。手袋は、17世紀の場合、刺繍などの非常に美しい装飾
が施されているもので、それ自体が価値あるものと見なされていました。手袋
については次のような注意がされています。

　問　子どもはいつ手袋をはめていなければなりませんか。
　答　次のような場合が礼儀にかなっています。
　　　1．通りを歩いているとき。
　　　2．仲間と一緒にいるとき。
　　　3．田舎へ行くとき。
　問　いつ手袋をはずさなければなりませんか。
　答　神に祈るときと食卓につくときには手袋をはずすべきです。

　これは子どもの例ですが、やはり、敬意を払うべき場では手袋をはずすこと
が求められています。さらに大人の場合は、以上のシチュエーションに、女性
をエスコートするときが加わります。つまり、女性に手を差し出しエスコート

第10章　従う　　89

するときには、手袋を必ずはずして、それをどちらか一方の手にもつというのが原則とされていました。

　また、とくに青少年に向けて、手袋の扱い方の注意が事細かに書かれています。

　　通りを歩いているとき、仲間と一緒にいるとき、田舎へ行くときには、手袋をしているのが礼儀に適っている。手袋を手に持って、それを動かしたり、もてあそんだり、誰かに打ち付けたりするのは無作法なことである。こんなことはまるで学童のすることだ。
　　教会に入るとき、聖水に触れる前、神に祈るとき、テーブルに着く前には、手袋をはずすべきである。
　　誰かに挨拶をしたり、たとえば手にキスをするため、深くお辞儀をしたいときには、素手になるべきである。そしてそのためには右手の手袋をはずすだけで充分である。何かを与えたり受け取ったりするときにも作法は同じことを求めている。
　　仲間と一緒にいるときに、ひっきりなしに手袋をひっぱったりはめたりするのは無作法。手袋をはめていなければならないときに、それを口元に持っていってしゃぶったりなめたり、左腕の下にもっていったり、左手しか手袋をはめていなかったり、左手で右の手袋をひっぱったり、あるいはポケットに手袋をいれてしまったりするのは、同様に無作法なことである。

　このように、手袋にも、はめるべきシチュエーションと、はずすべきシチュエーションがあり、つまり着脱の作法がありました。手袋をもてあそぶことが具体的に注意されていますが、おそらくこのような行為は実際にはよく見られたということなのでしょう。手袋の着脱も他の服飾品と同様の考え方、つまり敬意をはらうべき場と人の前でははずす、という考え方にのっとって行われていたようです。この敬意を払うべき場とは、教会、つまり神さまのいる場所や、身分の高い人のいる場所であり、敬意を払うべき相手とは、貴婦人や王や王太子などの、明らかに身分の高い人のことを指していました。

　帽子もマントも手袋も、当時の貴族男性にとっては、騎士としての外見を整えるための不可欠な服飾でした。それを上手に扱えば、人間関係がスムーズに

90　　第III部　コミュニケーション——エチケット

なり、誤った扱い方をすれば、相手に不快な思いをさせてしまうものでした。このような服装規範は、一見、瑣末なものに思われるかもしれませんが、第Ⅱ部で見たように現代でも脱帽などのエチケットは残っていますし、マントも私たちが身に着けるコートのエチケットと読み替えるならば、納得できる部分もあるように思います。これらはみな服飾によるコミュニケーションのひとつの原点と言えるものでしょう。

迷惑をかけてはならない

また服装規範とは、他者に不快な思いをさせないためのルールでもあります。たとえば、当時の作法書を見ると、ハンカチーフの扱い方は、常に洟のかみ方といっしょに語られています。というのは、まだ手鼻をかむ人が多かったからで、社会学者のノルベルト・エリアスが論じているように、洟をハンカチーフでかむようになるのは一種の「文明化の過程」と位置づけることができるのでしょう。つまり洟のかみ方の変化は、衛生観念の変化であるのはもちろんのことですが、同時に新しい対人関係のルールの誕生であったように思います。身体の汚物の取り扱いを、次第に他人の目から隠すようになっていったのです。他人に不快な思いをさせないために配慮すること、それがハンカチーフ普及の意味するところでした。ハンカチーフは16世紀に登場したといわれています。当初は非常に資産価値のあるもので、大貴族でさえ所有数は少なく、身分の高い人びとは肖像画を描いてもらうときに、わざわざ高価なハンカチーフを手にしてポーズをとるものでした。ですから、17世紀以降にハンカチーフが広く普及したとはいえ、誰もが所持していたものというわけではなかったと思います。

アントワーヌ・ド・クルタンの作法書では、まず、素手や衣服の袖などで洟をかむのは無作法であり、ハンカチーフを用いることとされました。

問　子どもはどのように洟をかむべきですか。
答　素手や袖や服で洟をかんではいけません。素手でかみ、衣服で拭ってもいけません。魚屋さんがするように、鼻に指をつっこんで、その汚物を地面に押しつけてもいけません。不快な洟汁を取るためにはハンカチーフを使

うべきです。

　また洟をかみ終わったらなかの物を隠すためにきちんと折りたたむという注意など、あまりに幼稚な注意が当時のどの作法書にも見られましたが、これらはなによりも周囲にいる他者へ配慮することを教えていたのだと思います。たとえば次のようにも言われました。

　　問　仲間と一緒にいるときにはどのように洟をかめばよいですか。
　　答　可能ならば顔をそむけるべきです。振り向いたら誰かと顔を突き合わせてしまうのであれば、帽子か別の手で顔を隠すべきです。

　これと同様のことは、ジャン・バティスト・ド・ラ・サルの作法書でも言及されます。他人の面前で洟をかむのはよくないとし、顔をそむけるか、やはり帽子で隠すべきだと言い、さらに、洟をかむときにラッパのように大きな音を立てるのも無作法だとしました。ハンカチーフをもてあそぶのも見苦しいといいます。

　　　洟をかむ前に、長い間ハンカチーフを引っぱっているのは無作法である。このようなことは、そばにいる人への敬意が欠けた行為である。どこで洟をかんだらよいか探すためにあちこち広げるのも無作法だ。ポケットからハンカチーフを出したら、すぐに洟をかまなければならない。他人には気づかれないようにして。

　そばにいる他者に不快な思いをさせないこと、つまりコミュニケーションの基本が、ハンカチーフのエチケットでは求められていたと言えるでしょう。

だらしのなさを戒める

　そもそも服装規範が生まれたのは、それ以前の社会において、あまりにエチケットとは程遠い社会が存在していたからとも言えるのかもしれません。野蛮とも受け止められかねない社会から、より洗練された社会への変化の過程において、生まれてきたものでもあります。ですので、「文明化」以前のあり方を想起させるような「だらしのなさ」は戒められました。

　たとえば、先に挙げたラ・サルは靴下のはき方について次のように述べてい

ます。

結び付けていないので、靴下がかかとの上にさがっているのは非常に見苦し
い。脚部にしわができないように、ぴんと張らなければならない。ちょっとでも
破けていたり、継ぎがあったり、きつすぎたり、穴から脚が見えてしまうこと
を、決して我慢してはならない。

靴に関してもきちんとしていることが求められます。

靴はバックルでしっかりと留められているか、あるいは紐で締められているべ
きだ。家のなかでも屋外でも、靴をスリッパのように履いてはいけない。そして
靴は常に汚れのない状態にしていること。

この場合の靴とは、木靴ではなかったということです。革製の靴で、バック
ルか、紐締めになっているものでした。それをスリッパのように、かかとをつ
ぶして履いてはならないとしています。かかとをつぶして靴を履くことは、現
代でも、あまり行儀の良いことではないでしょう。

シュミーズとは第Ⅰ部で述べた白い下着ですが、これに関しては次のような
注意がされました。

衣服は常に前がきちんと閉められて、なかのシュミーズが見えないようにする
べきである。とりわけ胸の部分はそうである。そして、シュミーズの袖が手首に
かかっていたり、カルソン（下穿き）の紐が垂れ下がっているのは、許しがたい
だらしのなさである。同様にあちこちからシュミーズが見えているのは他人を困
惑させる。

終始だらしのなさが戒められています。衣服の開口部から、下着であるシュ
ミーズが出ているのがよくないのです。けれども、第Ⅰ部で見たようにシュミ
ーズが見えるように着こなしている人は多く、とくに衣服のあちこちの切り口
装飾からシュミーズを覗かせた着こなしは、16世紀以来、非常によく見られた
ものです。しかし、そのような流行が現実にあるからこそ、このような訓戒が
なされたと思われます。

首周りも同様です。クラヴァットとは現代ではネクタイを指しますが、17世

第10章　従う　　93

図10-1 ニコラ・ボナール版画《飾りのある衣服を着た貴族》(1693年頃、文化学園大学図書館所蔵) *17世紀の男性宮廷服であるジュストコールを着崩して着こなしている粋な男性。17世紀のクラヴァットは細長い白い布かレースでできていた。図のように、クラヴァットの先を上着の何番目かのボタンホールに突っ込む着こなしは、スタンケルク結びという。

紀のものは白いレースでできた襟飾りでした。

　首をむき出しのままにしているのはよくない。首には常にクラヴァットを巻いていること。人前にいるときや、家のなかにいるときには、服を脱いでくつろいでいようと、具合の悪いときであろうと、ハンカチーフで首を覆っているのが望ましい。

　首周りの素肌が見えていることは、家のなかでくつろいでいるときでも、体調の悪いときでも、作法では認められないことでした。常になにかで覆っている必要があったのです。同様に女性の場合も、あまりに広いデコルテで胸元を開け過ぎるのは好ましく思われなかったようです。その場合には、フィッシュという肩掛けをかけていたものでした。

　このように、くつろいだ姿、ゆったりとした姿を作法書はことごとく斥けていました。しかし、現実にはそのような姿がおしゃれな姿と映っていた場合もあったと考えられます。着崩すがゆえの格好の良さというものも、一方で、今も昔もあったのだろうと思います（図10-1）。

　そのような例は、マントの羽織り方にみることができます。礼儀作法書では、両方の肩にマントを羽織るのがエチケットにかなうと勧めていました。しかし、当時の服飾版画を見ると、どちらか一方の肩にマントを羽織っていることが多く、流行の着こなしとエチケットとの食い違いの事例と言えます（図5-1）。

4．礼儀作法書の伝えるモード

　最新流行のモードとエチケットは前述の通り、とくに17世紀においては非常に近接した概念で、深く関わる部分がありました。17世紀フランスにおいては、モードは単にうつろいゆく流行などではなく、もっと奥深い内面の洗練を目指す総合的な身体術でもありました。内面と外見の一致というひとつの理想像を礼儀作法書は示しているのです。対人関係における潤滑油の役割も果たし、社会的な約束事として機能していました。

　礼儀作法書による服装規範は、なにが洗練されていて、なにが洗練されていないか、なにが作法にかなっていて、なにが不作法であったか、なにが宮廷人に求められ、なにが野蛮とみなされるかを厳密に峻別していくものでしたから、「もの」としてただ身にまとっていればいいというものではないように思われます。どのような服飾を、どのように扱い、どのように身につけるのか、そして、どのような身体行動と結びついたときにそれらが好印象を与えるものになるのかを伝えるものでした。もちろんそれらすべてが調和のとれたものでなければなりません。当時の礼儀作法書は生きた理想的な装いのモデルを示し、身体と服飾の洗練された関係を教えてくれるものでした。

5．モードの都パリ

　このような服装規範はどこでも通用するものだったのでしょうか。礼儀作法書は当然、これらのエチケットを流布させるものでしたが、実はそう簡単ではありません。これらが広まる上ではさまざまな誤解やズレが生じたことが想像されます。つまり、服装規範は、皮肉なことに、広く行き渡らせるためのものでありながら、それを習得できない人びとを生み出すものでもありました。

　礼儀作法書には、服装の理想形が情報として記されています。一般に情報というものは、広く行き渡れば皆が平等に同じ情報を共有できるものと考えられるでしょう。しかし、実際には情報を得られる人、情報を得られない人、情報を得てそれを自分のものにすることができる人、情報を得ても自分のものとし

第10章　従う　　95

て理解することができない人、というようにその受容のあり方はさまざまです。平等化および均質化が進むというのは情報化社会の幻想で、実際はなかなか難しいようにも思います。情報は差別化さえ生みます。なぜなら、モードの中心地をメディアは創出することもできるからです。当時の礼儀作法書による服装規範の流布は宮廷のモデル伝播という意味を持っていたので、情報の発信源である宮廷あるいはパリの貴族の生活全体を、意図的にモードの頂点、中心地として確立させていくことになりました。

　たとえばソレルの『ギャラントリーの法則』(1644年) は、ギャラントリーと呼ばれた服装規範について記したものですが、パリ以外の土地ではギャラントリーは存在できないと断言します。

　　　フランス以外のいかなる国も、ギャラントリーの規則を遵守する栄誉をわがものにできず、ギャラントリーの源はあらゆる流儀の首都パリであると決定した。[…] 田舎の人びとには上流社会の雰囲気もギャラントリーもありえないであろう。というのは、それはパリでしか通用していないからだ。

　フランスの17世紀は、パリがモードの中心地であり発信地であるという共通認識を、戦略的に形成していった時代でもありました。このように作法書に見られる服装規範は、理想とされる装いのあり方を示し、それに人びとが従うことによって、規範に裏付けられた社会の秩序を支えているものでもあったと思われます。

第 11 章
誘惑する

> エチケットとは、それを守り従うことによって人間関係を円滑にするものです。しかしエチケットにかなう装いをしながら、異性を誘惑するという独特な服飾も存在しました。それは服飾がそれを身に着けている身体を隠すと同時に魅せるものでもあることと関わります。この二面性を見ていきましょう。

1．カーニバルの仮面

　水の都ヴェネチアにおけるカーニバルは古くからよく知られています。ヴェネチアのカーニバルでは今でも仮面による仮装が行われていますし、カーニバル時期でなくとも、街角には、お土産用の仮面があちらこちらで売られているほど、仮面と馴染みの深い土地柄です。とくに共和国時代の最後に当たる18世紀ヴェネチアでは、カーニバルは日常になっていました。その頃、フランスのカーニバルは、公現祭（jour des Rois, Epiphanie）である1月6日頃から四旬節の始まる灰の水曜日（mercredi des Cendres）までの間で、せいぜい1年の2、3ヶ月の期間でしたが、ヴェネチアのカーニバルは10月の第1日曜日からはじまり、約半年の期間に及んでいたといわれます。また仮装が可能な時期が1年の大半に拡大されて、仮面は日常生活の通行許可証のようなものになっていました。賭博場では仮面着用が法的に義務付けられていました。ナポレオンによってヴェネチア共和国が滅ぼされると、カーニバルも途絶えますが、1979年に市民の力によって復活し、現在では2月か3月の四旬節前の10日間に行われ、すっかり観光化しています。

図11-1 ピエトロ・ロンギ《賭博場》（1760年．クエリーニ・スタンパリア美術館所蔵）＊Bunkamura ザ・ミュージアム『ヴェネツィア絵画のきらめき―栄光のルネサンスから華麗なる18世紀へ』図録（2007年）より転載。

18世紀ヴェネチア絵画の巨匠ピエトロ・ロンギ（Pietro Longhi, 1700/02-1785）の作品には、仮面をつけた男女が描かれることがよくあります。たとえば図11-1の〈賭博場〉（1757-60年）および〈ライオンの見世物小屋〉（1762年）のなかには黒い独特の仮面をつけている女性が描かれています。この黒い仮面はモレッタ（Moreta）と呼ばれ、ヴェネチアのカーニバルでの特徴的な仮装でしたが、実は少しさかのぼると16世紀から18世紀のフランスでも見られた風俗でした。この時期、女性たちは、このような少し異様な感じのする黒い仮面を日常的に身につけていました。この仮面のエチケットを見ていきます。

2．黒い仮面の流行

当時の女性の黒い仮面には複数の名前がありました。フランス語ではMasque、Faux-visage、Touret de nez、Cache-nez、Loup、Demi-masqueというように、少なくとも6種あります。もっとも一般的なものはMasqueで、時代を問わず広義の仮面を表します。Faux-visageも直訳すれば「偽顔」ですから、仮面です。その他の語もすべて、女性の黒い仮面を指しています。

この仮面は、おもては黒いビロードかサテン製で、犬の皮か生成りの亜麻布、あるいは白いサテンで裏打ちされていました。形は大きく分けて2種類あり、ひとつは卵形のもので、額から口元までを隠すもの（図11-1および11-2）。これはガラスのボタン状の突起や、真珠、あるいは小さなバネが真ん中につい

図11-2 《町にお忍びで行く上流婦人》(1689年.ボナール兄弟、サン・ジャン、N.アルヌールほか『フランス17世紀の服飾図集』1675-1695年.文化女子大学図書館所蔵)＊口元を仮面で隠している。

図11-3 《仮面をつけた婦人》(1624年.ジャック・カロ『ロレーヌの貴族』文化学園大学図書館所蔵)

ており、それを口、つまり歯の間に挟んで固定して身につけました。口にくわえる突起のおかげで声色を変えることができましたし、あるいは自然と沈黙することにもなったので、一種独特な神秘的な印象を人に与えることにもなりました。もうひとつは顔の上半分だけ、すなわち目の部分を中心に鼻も隠す形状のものです。厳密に言えば、半円の面の形や四角い黒い布のものがあり、形はさまざまです（図11-3）。これは両端にリボンがついていて、髪に結びつけるか、耳にかけるかして着用しました。半円状の仮面は、Loup、Touret de nez、Cache-nez、Demi-masque と呼ばれました。

狼（Loup）という名がついたのは、一説によると、この仮面を小さな子どもたちが怖がったからだといいます。Touret は回転式研磨機、糸車、紡ぎ車を意味する語ですが、Touret de nez は鼻（nez）と目を覆う布状の仮面です。鼻隠し（Cache-nez）とともに、鼻を隠す点に着目した名称です。このタイプの仮

面を、一部の人たちは「鼻水のかご（coffin à roupie）」と呼んで揶揄したものでした。冬期に鼻を寒気から守るために着用することが多かったので、まるで鼻水をそこに溜め込んでしまうように見えたからでした。

　布製の仮面は男性仕立師（tailleur）や飾り紐製造業者（passementier）が製造販売し、顔の絵が描かれるような厚紙で作られた仮面は、厚紙製造業者（cartonnier）が製造していました。

✖ 3．魅惑的な女性を演出する仮面

　17世紀における女性の仮面の風俗を伝える貴重な文献資料として、1664年の作者不詳の『アリスティプとアクシアヌの粋な会談』（*Les entretiens galans d'Aristipe et d'Axiane*）におさめられた『仮面と手袋の会話』（*Dialogue du masque et des gands*）というものがあります。この『アリスティプとアクシアヌの粋な会談』は、当時の女性にとっての身近な品々が擬人化されて、それらがおしゃべりをしている趣向の小品を集めたものになっています。ほかには、『白粉とつけぼくろの会話』（*Le dialogue du fard, et des Mouches*）、『大きな鏡と手鏡の会話』（*Le dialogue d'un grand Moroir, & d'un Miroir de Poche*）などが収められ、文学的価値は低いかもしれませんが、女性が楽しく親しんだ読み物でした。『仮面と手袋の会話』は、女性の身だしなみの必需品ともいえる仮面と手袋が、いかに自分が女性にとって重要な装飾品であるかを、互いに主張し議論しているものになっています。作品は最終的に互いの言い分を認め合い、引き分けの形で終わりますが、仮面が女性の普段のおしゃれに不可欠であったことを伝えてくれるものとなっています。

寒さと暑さを防ぐ仮面

　これほどまでに仮面が流行した理由は複数挙げることができます。第1に機能的な意味合いがありました。つまり、仮面は冬の寒気や夏の日差しから、女性の素肌を守ってくれたのです。たとえば、次のような手袋の台詞が見られます。

あなたは独りでは冬の寒さから顔を守ることができないわ。寒いときには、仮面の上に2，3枚のかぶりものを必要とするのだから。

　仮面だけでなく、さらにかぶりものが必要であるとはいえ、仮面が防寒の役割を果たしていることは間違いありません。冬季に仮面の上に複数のかぶりものをつけたという、この記述を裏付けるような図像資料は複数見つけることができます。

　カーニバル期間でない夏季にも、日焼けを防ぎ、外気から素肌の白さ、みずみずしさ、美しさを守るため仮面は用いられていました。とくに宮廷や都市部の女性が外出の際に仮面をかぶったことが、複数の文献に記されています。たとえば、ある女性は日焼けを恐れるあまり、ふたつの仮面をつけました。ひとつは顔の絵が描かれているもの、もうひとつは黒いビロードのものです。仮面は美容のための服飾でもあったのです。散歩姿の婦人が腰からリボンで仮面を下げていることもあり、戸外に出るときに気軽に仮面を着用していたことがわかります。

男性の視線を惹き付ける

　黒い仮面は、その下に隠れている美しい顔を想像させるため、男性の視線を惹き付けることにもなりました。『仮面と手袋の会話』に次のような一節があります。

　　仮面　そうよね、きっときれいな人に違いないと思って、仮面をしている女性の
　　　　周りを、人びとがとり囲んでいることがよくあるわ。[…]クリメーヌが顔
　　　　を見せないので、男たちがひどく悔しがっているのを見るのは、私にとって
　　　　は嬉しいことよ。男たちはあれこれ粋な策略をめぐらして、仮面をはずさせ
　　　　ようとするから。
　　手袋　手についても同じよ。
　　仮面　ええ。でも、人はきれいな手よりきれいな顔を見たがるものよ。

　当時、美しい女性とは、顔と手と胸の素肌が白い人と考えられていました。その顔と手を隠すということは、それだけで、異性の好奇心をそそるものでし

た。しかし、手よりも顔の方に人は興味を引かれるのだから、仮面の方が男性の関心の的になると仮面は言います。

仮面をつけているだけでも十分魅力的に映ったようですが、それを着けたりはずしたりする女性の行為はさらに魅惑的なものでした。

> 仮面　クリメーヌは、私をはずし、つけ直すのがひっきりなしなので、その魅力的な顔に誰もが惹き付けられるのよ。見ている人はもっと長く、その様子を見ていたいと思うの。

仮面を扱う仕草によって、美しい顔が見えたり隠れたりすることが、より魅力的に蠱惑的に人の目に映ったのでしょう。このような所作が、異性の目をじらし、虜にすることになりました。

美しさを際立たせる

仮面は顔の美しさを隠すだけでなく、引き立たせるものでもありました。仮面のビロードの黒さがのどもとの白さを際立たせると考えられたのです。

> 仮面　私はたいていの場合、黒色なの。この色は私が奉仕する美しい人びとにとって非常に好都合よ。なぜって、この色は彼女たちの額や目や顔の周囲に輝きを与えるのだから。

仮面の黒さゆえに白い顔が美しく映えると思われていました。当時の女性の美しさとは、先に述べたように、第1に肌の白さによってはかられ、黒さはそれを引き立たせると一般に考えられていました。このような記述は17世紀以降に流行するつけぼくろに関する文献にも見られるもので、黒と白の対比が美を生むという考え方がこの時代にあったと思われます。黒いビロードの仮面がつけぼくろに受け継がれていったとする説もあり、白い肌を際立たせるつけぼくろと黒い仮面は、同様の美容効果があったことになるのでしょう。図像資料を見ると、黒い仮面は完全に顔を覆い尽くしているのでなく、顔の縁はあらわになったままです（図11-1, 11-3参照）。故意に白い肌をはみ出させているような感じさえします。

身元を隠す

　仮面は言うまでもなく、他人から顔を隠すものです。フュルチエールはそれを女性の慎み深さ（modestie）のゆえだとしていますが、自分が何者であるかを知られないようにして、とくに「お忍び（incognito）」でどこかに出かける際に仮面は着用されました（図11-2）。スカロン（Paul Scarron, 1610-1660）は、『女装の詩人』（*Le Virgile travesti*, 1648-53年）のなかで、「内緒で教会に行くには、仮面とマフを忘れずに」と書いています。19世紀の作品ですが、17世紀の風俗を克明に描いているロスタン（Edmond Rostand, 1868-1918）の『シラノ・ド・ベルジュラック』（*Cyrano de Bergerac*, 1897年）では、ロクサーヌがこっそりシラノのもとへ恋の仲介の頼みごとに来る際に、仮面をつけていました。またボーマルシェ（Beaumarchais, 1732-1799）の『フィガロの結婚』（*Le mariage de Figaro*, 1781年）では、伯爵夫人がシュザンヌとともに浮気者の夫を懲らしめようと策略を練っているとき、夫人がシュザンヌにマスクを持って来させるシーンがあります。ジャンリス夫人（Madame de Genlis, 1746-1830）は、許されない恋仲の男女が、二人とも仮面をつけてオペラ鑑賞に来ていたことを記しています。前述のように、卵形の仮面は歯に挟んで固定していたので、無言でいるか、あるいは声色を変えることもできました。このことも身元を隠す上で好都合だったはずです。

高貴な身分である証

　お忍びでなにかをするような女性は、身分の高い女性です。したがって、仮面は高貴な女性の証ともなっていました。ジェローム・リポマノ（Jérome Lippomano）の1577年の著書によれば、フランスでは貴婦人は黒い仮面をつけているが、一般市民の女性には禁じられていました。『仮面と手袋の会話』では、誰もが身につけるものであることを手袋が自慢するのに対し、仮面は、身分の高い女性のみが自分を身につけてくれることを誇りに思うといっています。仮面は、薄汚れて嫌悪感をもよおすような、繊細さに欠ける人には奉仕したくないというのです。仮面は一種の特権的な装飾品でもありました。

4．仮面のエチケット

以上のように、仮面は女性の日常生活に深く入り込んで存在していた独特のモードでした。そして、この仮面は、女性固有の所作やエチケットを生んでいました。つまり、仮面は社会的意味をも担って、コミュニケーション手段としても用いられていたのです。当時の作法書は主に男性を対象にしていましたが、そのなかに、女性のエチケットが紛れていることもありました。それが仮面にまつわるエチケットでした。カーニバルの仮面着用時にも、仮装の世界においてのエチケットがありましたが、このような礼儀作法書に見られる仮面の作法は、仮装の祝祭空間だけの約束事ではなくなっています。日常の世界のなかに入り込み、社会化、一般化されたエチケットに発展していました。

第Ⅱ部で見たように当時の男性の間では、高位の相手に対して敬意を表すための厳密な帽子の作法が存在していて、人間関係においてデリケートな問題になっていました。同様のことが女性の仮面にも当てはまるのでした。たとえば、アントワーヌ・ド・クルタン（Antoine de Courtin, 1622–1685）の『フランスにおいて紳士の間で行われている新礼儀作法論』（*Nouveau traité de la civilité qui se pratique en France parmi les honnêtes gens*, 1671年）は、貴婦人が心得ておかなければならないこととして、仮面のエチケットを詳述しています。

> 貴婦人方は、挨拶のお辞儀に加えて、敬意を表すためには、仮面とかぶりものとローブがあることを知っておくとよい。というのは、たとえば、敬意を払うべき相手のいる部屋に、ローブをからげていたり、顔に仮面をつけていたり、薄いものは別として頭にかぶりものをつけたりして入ることは、無作法だからだ。
>
> 非常に身分の高い人のいる場で、顔に仮面をつけているのは、無作法である。
>
> 仮面をつけている人たちの間では、それを望まない人がいる場合、仮面を脱ぐのは無作法である。仮面に手をもっていくことも同様である。他の人々よりも、仮面をしている人のほうに礼儀を尽くさなければならない。というのは、仮面の下には、私たちが礼儀を尽くすだけでは足らず、敬意を払わなければならない人がいることが多いからである。

聖体の秘蹟、宗教的な行列、葬式、王や王妃、王家の血縁である王子たち、立派な身分の人、教皇の使節のような非常に高位の人のいる場所や、これらが通りかかるのに遭遇したときには、以下のことを守らなければならない。通り過ぎるまで馬車を止めて敬意を表すこと。男性は脱帽し、女性は仮面をはずすこと。聖体の秘蹟を除いて、可能であれば馬車から降りて、膝をつくこと。

このように、貴婦人は仮面のエチケットを心得ていなければなりませんでした。カーニバルでの仮面は、お忍びで、自由気ままの無礼講を許してくれます。しかし当時の女性の仮面の風俗には、社会的なエチケットが適用されていました。貴婦人が仮面をはずすことは、非常に深い敬意を表しました。仮面によって、高貴な女性たちはコミュニケーションを図っていました。仮面にまつわるふるまいが、社会的約束事として、公的な場面をはじめとする日常生活を彩っていたのです。

✖ 5．隠しつつ魅せる

16世紀から18世紀のフランスでは、その匿名性が危惧され多くの禁令が発令されながらも、貴婦人の間では黒い仮面の風俗が根強く存在していました。仮面はヴェネチアのカーニバルに由来するという説がありますが、カーニバル期間外にも女性の日常生活に深く入り込んで存在していました。仮面とは元来非日常世界を演出するものですが、この時期のフランス女性の仮面は、日常と非日常の世界を自在に行き来できる小道具になっていました。

仮面は日光や寒さから顔の素肌を守り、女性は美しく見せるためにも仮面を使用していました。仮面の黒さは、肌の白さと対比されることによって、隠れている美しさを見る者に想像させます。その結果、顔を隠すものでありながら、男性の視線を引き寄せることになりました。このような、隠すと同時に見せる、あるいは魅せるという両義性が、仮面の本質でしょう。人間の装うという行為自体に、隠すと同時に、隠した身体をあらわに魅せるという相反する性質が存在します。この両義性は、仮面の場合、それに伴う所作によって、さらに増幅されました。覆ったりはずしたりして顔を見せたり隠したりする行為

第11章　誘惑する　　105

が、異性を魅惑しました。仮面を思わせぶりにちらつかせて、男性を誘惑する貴婦人たちの恋愛遊戯もあったことでしょう。秘密めいた仮面の妖しい魅力が人びとの心を捉えたのではないかと思います。

　また、顔を隠すこの小さな装身具は、貴族女性の日常的・公的生活でのエチケットを生んでいました。仮面をはずす行為によって相手への敬意を表すのは、男性の帽子と同様です。女性の仮面をめぐるふるまいは、社会的認知を得ているひとつのコミュニケーション手段となっていました。

　女性が顔を隠すのは、貴族女性としての自身への誇り、自尊心を満足させるものでもありました。事実、スカロンは「仮面は便利であり、貴婦人の名誉となる」と述べています。他者の視線を遮断し、誘惑し、視線の力関係を優位にコントロールできる仮面という小道具によって、女性は自由な行動を獲得し、心をも解き放ち、自らの地位を高めることもできたことでしょう。

　現代においても、仮面にはなにか心惹かれる魔力が秘められているように思います。ファッション・デザイナーも、時に、その魅力を利用することがあるようです。たとえば、2008/09年秋冬パリ・オートクチュール・コレクションで、クリスチャン・ラクロワは、顔の上半分を隠す黒いベールで、妖しい魅力を放つ女性像を演出しました。あからさまに見せてしまうよりも、隠すことの方が、人の心をぐっとひきつける。このことは、今も昔も変わらない、服飾の真実なのかもしれません。

第12章
愛を伝える

> エチケットには男女の間のマナーもあるでしょう。服飾のエチケットにもそのようなものがあり、17世紀のフランスには、愛を伝える小物として、小さな装飾品のリボンがありました。現代の私たちが知るリボンの文化からは想像もできない、ロマンチックなリボンの物語です。

1.「かわいい」の定番、リボン

　女性の多くはリボンが好きなのではないかと思います。原宿のあたりを歩いていると、いわゆるロリータ・ファッションに身を包んだ女の子たちをよく見かけます。ロリータ・ファッションの真髄は、「かわいい！」ということですから、彼女たちはたくさんの「かわいい」グッズで身を飾っています。おそらく一番の定番はリボンでしょう。頭に大きなリボン、あるいは胸元にリボン、膨らんだスカートにリボン、というようにどこかにワンポイントでリボンをつけることで、かわいらしさを演出する、そのような印象があります。

　ロリータ・ファッションだけでなく、天気予報のお姉さんにしろ、アニメやマンガの主人公やキャラクターにしろ、リボンをつけたかわいい女性（女の子）を私たちは本当によく見かけます。女性のファッション小物である、バッグやお財布、帽子、ベルト、靴など、いろいろなものにリボンはついています。つまり、現代の私たちの感覚では、リボンはかわいい女の子のもの、リボン＝女の子、そのような図式が成り立っているのでしょう。

　しかし、実は、そうでもない時代がありました。意外なことに、リボンのルーツをたどると、男性がリボンをふんだんに身につけている時代があったので

107

す。フランスの17世紀のある時期のファッションなのですが、リボンを男女が
ともに身につけて、どちらかといえば、むしろ男性がリボンだらけになってい
ました。しかもこのリボンは、男女の恋心を伝えるコミュニケーション・ツー
ルでもありました。

✄　2．女性に対するエチケット：ギャラントリー（galanterie）

　第Ⅰ部第2章で述べたように、17世紀前半のフランスでは、ギャラントリー
と呼ばれる流行現象がありました。これは基本的には男性の女性に対するエチ
ケットですが、これを見事に体現している男性はギャラントム（galant homme）
あるいはギャラン（galant）と呼ばれ、時流に乗ったおしゃれな男性であると
見なされました。

　ギャラントリーがどのようなものであったのかは、シャルル・ソレルの『ギ
ャラントリーの法則』（1644年）を見ると、その詳細がよくわかります。これに
よると、ギャラントリーであるための条件は次の通りです。まず第1にパリの
宮廷に出入りをしている由緒正しい青年貴族の資産家であること。愛する貴婦
人のためならばどんな努力も惜しまず、あらゆる社交の場に時機を逸さずに出
かけ、社交生活を楽しみ、舞踏会や音楽会を自ら主催すること。宮廷での洗練
されたことばで会話をして、決して下品で粗野なことば使いはしないこと。さ
らに、外出するときには四輪馬車に乗り、身体を常に清潔に保ち、最新流行の
おしゃれな装飾品や衣服に身を包んで、それらをきちんと着こなしているこ
と。つまり、ギャラントリーは当時のパリの社交界での理想的な男性像でし
た。おしゃれな青年貴族の風俗そのものを表しているといってもいいでしょ
う。そして、彼らの行動基準は、とりわけ、社交サロンの主人である貴婦人に
気に入られることで、ギャラントリーはそのためのエチケットであったといえ
そうです。

3．ギャランと呼ばれるリボン

さて、このような理想的な男性像であるギャラントムたちは、かならずリボンをつけていました。というのも、ギャラントリーの美意識を、リボンがもっともよく表現できるからでした。これらのリボンは、その名も「ギャラン」と呼ばれていました。

シャルル・ソレルは次のように言っています。

図12-1　作者不詳《聖霊修道会の修練士姿のトゥルーズ伯爵》（1694年頃、コンデ美術館所蔵）＊聖職者でありながら、華やかな装いである。手首には銀色のループ状のリボンをたくさん巻きつけ、短いキュロットは同色のひらひらしたリボンで覆われており、膝や靴にもリボン飾りをふんだんに付けている。美しい巻き毛はかつら。

> あまり費用がかからないにもかかわらず、男性を非常に飾り立て、彼は完全にギャラントリーの世界にいると人に知らせるような小物が存在した。［…］それは例えば金色や銀色の美しいリボンを帽子につけたり、時には美しい色の絹リボンを混ぜたり、ズボンの先にサテンの美しいリボンを7、8本付けたり、鮮やかなこの上なく輝かしい色のリボンをつけるということである。［…］そしてこのようなリボンの扱いが、男性のギャラントリーの表現に非常に貢献するために、リボンは他の品よりも先に選ばれて、ギャランの名前を獲得したのである。

つまり男性のギャラントリーの表現に、リボンは欠かせないものでした。男性がリボンをつけるなど、現在からは思いもよらないことかもしれませんが、この時代は、ファッションの歴史上、唯一、男性がリボンに夢中になった時代でした。モリエールの『ドン・ジュアン』（1665年）のなかでは、洒落者でプレイボーイのドン・ジュアンの身なりを見て、百姓のピエロが「あっちにもこっちにもリボン、リボンで、かわいそうになる。頭のてっぺんから靴の先までリボンだらけで、あんな格好させられちゃあ、首の骨が折れそうだ」とビックリするほどでした（図12-1）。

第12章　愛を伝える　　109

しかし、なぜ、リボンがギャラントリーを表現できたのでしょうか。

✖ 4．リボンの遊び

　そもそもギャラントリーはサロンを中心とするパリの社交界の雰囲気から生まれたものでした。たとえば、当時もっとも人気のあったランブイエ侯爵夫人のサロンでは、会話を洗練させ、生活を楽しく美的に演出し、たわいもない遊びに興じ、男女が対等に楽しく時間を過ごすことが重視されていました。社交界ではさまざまな遊びが行われ、社交生活自体が遊戯性を伴うものでした。会話の洗練を目指したことから、ことばへの関心が非常に高く、ことば遊びや詩歌がもてはやされました。そして、オノレ・デュルフェの『アストレ』という長編純愛小説の大流行もあって、恋愛への関心も非常に高かったように思われます。社交界の遊びは恋愛遊戯的な性格も色濃く見られました。このような社交界の趣味が、彼らのお気に入りの小物であるリボンにも反映していました。つまり、リボンの遊びが存在したのです。

　たとえば、「エギュイエットの遊び」というものがあります。エギュイエットは、ズボンと上着を結びつけたり、袖と身頃を結びつけたりする飾り紐で、つまりリボンの一種です。エギュイエットは古くから男性のおしゃれのワンポイントになっていたようで、男性は何色のエギュイエットを用いるかを楽しんでいました。この遊びは、人数分の色とりどりのエギュイエットを用意し、男女が輪になって、その中心にこれらを置きます。そしていっせいにエギュイエットを引っぱり、同じ色のエギュイエットを手にしたもの同士がキスをする、という他愛のない遊びでした。男同士、女同士になることもあり、それなりにその場が盛りあがる遊びだったようです。

　さらに前出のソレルが著した『リボン（ギャラン）の遊び』（*Le jeu de galand*, 1644年）があります。これはリボンを用いる恋愛問答遊びでした。当時のリボンは男女共に身につけるもので、非常に色彩豊かなものでした（図12-2）。この遊びは、男女14人が集まり、自分の好きな色のリボンを選んで、その理由を自分の恋愛観や恋愛感情になぞらえて答えていくというものになっています。

たとえばウラニーという女性は次のように答えました。

> ウラニーは火の色のリボンが好きであるという。それは恋人が自分に対して火（恋心）に満ちていてほしいからであるという。

ウラニーは赤系統の色である火色のリボンを選びました。「火 (feu)」は当時の社交界では恋心と同じ意味で用いられていましたので、それだけでも恋愛と関係があります。彼女は自分の恋人が燃えるような恋心に満ちていてほしいのだと答えたことになるのです。

図12-2　ディルク・ハルス《居酒屋での会合》(1630年頃, H・ルローコレクション)　＊男性のリボンの図。ズボンの先と靴にリボンをつけている。衣服それ自体は皆、茶系の地味な色合いなのだが、そのなかで各人がそれぞれ好みの色のリボンをつけているのが目を引く。男性がリボンの色で個性を表現していたことがうかがえる。左手前の三人の男性は、左から赤色、真中が薄い青色、右が薄いピンクのリボンをつけている。このごく薄いピンクの色は、もしかすると、当時人気のあった「雌鹿のお腹」(ventre de biche) 色かもしれない。

このようにリボンの色に恋愛に関する私的な感情を託し、互いに読み解くという遊びを社交界で行っていました。ひとりずつ答えていくのですが、最終的には互いにリボンを贈り合って、遊びは終了します。

リボンに対する関心は、色彩への興味と関心につながっていました。当時のフランスには85色の色名が存在していました。現代の私たちには実際の色が判別しにくい名称が多いのですが、現代にも生きている色名として「セラドン」があります。これは、青磁色つまり薄い青緑で、色名は先述の恋愛小説『アストレ』の主人公の名前からとっています。彼は当時の女性があこがれた理想的な恋人でしたので、ここにも、色と恋愛との関わりを見ることができるでしょう。

このように当時の社交界では、遊びと恋愛とリボンと色彩が、密接に結びついていました。

5．恋心を語るリボン

遊びのなかでリボンの色と恋愛感情が結びついただけでなく、実生活のなかでは、恋人たちが愛を込めてリボンを贈り合っていました。簡単につけはずしが可能で、その豊かな色彩に、自分の気持ちを託すことができるリボンは、恋人たちの間で、互いに贈り合い、互いに身につけるということを可能にしていました。その様子はさまざまな文献資料に描かれています。

たとえば、ランブイエ侯爵夫人のサロンでの人気者、詩人のヴォワチュールは、夫人の娘ジュリーに恋をしていました。そして、1635年のある日、彼女に12本のイギリス製のリボン（ギャラン）といっしょにラブレターを送ったのです。そのなかには次のように記されています。

> とてもたくさんのリボンを受け取ることを心配しないでください。あなたは今までひとつも受け取ろうとしなかったのですから。［…］どうか、考えてみてください、12本のリボンに対して、１通の恋文が行き過ぎのものではないということを。

つまり、この手紙からは、リボンを贈ることが、まるで愛の告白そのもののように思われていたことがうかがえます。リボンはときには言葉よりも雄弁に愛を語ることができました。

6．ファヴール

リボンが恋愛感情、異性を想う気持ちと結びついたのは、どうやら中世以来の伝統があるように思います。中世にはじまる女性を敬愛する騎士道文化と、実際に宮廷でよく行われていた馬上槍試合の伝統のなかで、リボンと愛情表現が結びついてきたのではないかと思います。馬上槍試合で、騎士は愛する女性のためにその身を投げ出し戦います。このときに、恋人である貴婦人は、自分の身につけている衣服の一部を彼に贈り、騎士はそれを甲冑などに結び付けて戦うものでした。このような衣服の一部はファヴール（faveur）と呼ばれ、つ

まり愛の保証を意味していましたが、リボンもそのひとつだったのです。サント・パレはファヴールを次のように説明しています。

　ファヴールとは肩掛けであり、ヴェールであり、かぶりものであり、袖であり、スカーフ状のかぶりものであり、ブレスレットであり、リボンの結び飾りであり、留め金である。要するに貴婦人の衣服や装飾から解き放すことのできるものである。ひいきにされている騎士は、それで兜や槍や盾や甲冑や衣服を飾り立てるのである。

　恋人のために命をかけるような馬上槍試合自体は、17世紀には次第に失われつつあったようですが、騎士道精神を尊ぶ精神的土壌は残っていたでしょうし、そのようななかで、衣服の一部であるリボンを恋愛感情と結びつける文化が、生まれてきたのではないでしょうか。

✖　7.『クレーヴの奥方』の黄色いリボン

　ラファイエット夫人の『クレーヴの奥方』(1678年) はフランス文学の傑作のひとつでしょう。これは美しいクレーヴ夫人と、やはり美しいヌムール公の道ならぬ恋物語ですが、お互いに口には決して出せない思いを、リボンに託している印象的な場面があります。それはやはり馬上槍試合 (野試合) の場面にはじまります。ヌムール公だけでなく、17世紀の貴族たちの間で、恋人の好きな色のリボンを身につける文化があったことを彷彿とさせるエピソードです。

　とうとう野試合の日が来た。王妃や皇太子妃は自分たちのために用意してあった桟敷に入った。4人の主戦者が競技場の一端に現れた。おびただしい数の馬と従者をつれていたが、それだけでも、かつてフランス国内でみたことのなかったほどの壮大な景観を呈していた。

　王のつけているリボンは白黒だけで、他の色はいっさい避けていた。これは未亡人であるヴァランティノワ夫人のためで、いつも白黒だった。フェラール公と、その従者たちは、いずれも黄と赤であった。ギーズ公は緋と白のリボンをつけて現れた。この色にはどんな理由があるのか、最初、人びとには合点いかなかったが、そのうち、これは彼が以前に愛していたある麗人の好みの色であること

第12章　愛を伝える　　113

が思い出された。愛していたのは彼女の娘時代で、その後、そんな気ぶりは少しも見せなかったのに、これでみると、今でも愛しているらしい。ヌムール公は黄と黒。人びとはその理由を穿鑿しても無駄だったが、クレーヴ夫人だけは推測するのに、骨が折れなかった。いつだったか、彼女はヌムール公に向かって、自分は黄色が好きだけれど、金髪だから、黄色を付けられないのが残念だと、言ったことを思い出したからである。この色なら、遠慮なく人前にでてもさしつかえないと思ったのである。クレーヴ夫人がこの色をつけない以上、これが彼女の好みの色だと推測するものなどないはずだった。(ラファイエット夫人『クレーヴの奥方』青柳瑞穂訳, 新潮文庫, 1956年, 173頁)

　このように、野試合、つまり馬上槍試合では、騎士たちは皆、自分の愛する夫人の好きな色のリボンを身につけて戦うのでした。ヌムール公は細心の注意をはらって、クレーヴ夫人にのみ理解してもらえる色を選んだのです。

　この野試合の後しばらくたって、ヌムール公は夜更けにこっそりクレーヴ夫人の姿を一目見ようと、彼女の邸宅まで忍んでいきます。そこでヌムール公が目にしたのは、今度は、クレーヴ夫人が自分のことを思いながら、リボンを飽かず眺めている姿でした。つまり、またここでもリボンを通じて、彼女の恋する気持ちが表現されているのです。

　　彼女はひとりきりだった。一目見るなり、彼はその比類ない美しさに打たれて、激昂のあまり気も顚倒しそうだった。[…] (彼女は) 床に休んでいたが、自分の前においてある卓には、リボンの入っている籠が幾個も並べてあって、彼女はその中から幾本かを選り分けている。よく見れば、それはヌムール公が野試合の時につけたのと同じ色だった。彼女はそれでステッキに結び玉をつくっているところだった。[…] このとき、ヌムール公がどう感じたかを表現することなど到底できまい。この夜更けに、この世とも思われない美しい場所で、自分の愛している人をこっそり盗み見るとは、しかもその人が、自分の秘めている恋とゆかり深いものを、今こうして夢中で眺めているとは、世の如何なる恋人といえども、かつて味わったことも想像したこともなかったであろう。(同書, 189-190頁)

　リボンの色に、恋人の姿を重ねているクレーヴ夫人。野試合のときの黄色いリボンで、ヌムール公と自分が密かにつながっているような、そんな気持ちを

114　　第III部　コミュニケーション──エチケット

抱いていたのかもしれません。唯一、恋人と自分を結びつけることのできる、大切な宝物であったのでしょう。

『クレーヴの奥方』のこの場面は、リボンで愛が語られる非常に美しい場面だと思います。

✕ 8．男性のリボン姿は復活するか？

ギャラントリーとは貴婦人に気に入られることを目的とする、おしゃれな男性たちの女性に対してのエチケットでした。そのギャラントリーの表現にもっともふさわしいとされたのが、ギャランと名づけられたリボンでした。それは、以上お話ししたような、リボンが女性への愛を語るものであったという文化的背景があったからこそと思われます。

現代の私たちには、リボンが恋愛感情と結びついていたことは、忘れ去られてしまっています。しかし、誰かにプレゼントを贈るとき、多くの場合、そこにリボンを結びます。このリボンもフランス語ではファヴールと呼ばれ、遠い昔の愛のこもったリボンの贈り物の名残であろうと思われます。そんな風に思うと、プレゼントのリボンの色もしっかりと吟味したくなってきます。

また一方で、流行はめぐるともいいます。過去のファッションのリバイバルはよくありますが、男性のリボン姿が受け入れられる時代がまた来ることもあるのでしょうか。今のところ、男性の身につけるリボンは蝶ネクタイくらいかもしれません。でも、恋を語ることのできるリボンだったら、再び男物として復活しても、意外と受け入れられることができるでしょうか。

第12章　愛を伝える　　115

第 13 章
崩　す

　　服飾の歴史をひもとくと、いつの時代にも多かれ少なかれ異国趣味の要素は見受けられます。実は、洋の東西を問わず、これらの異国趣味の衣服には、それを意図するわけではないのに、エチケットを崩してしまう側面があります。崩すことによるおしゃれもあるかもしれませんが、その意味を考えてみます。

1．パリで見られるネオ・ジャポニスム

　フランスでは近年、あるいは、もっと以前から、アニメやマンガのキャラクターがもてはやされるなど、日本への関心が一部で高まっているように思われます。パリを歩いていてよく見るのは漢字です。Ｔシャツに、日本人から見れば意味のわからないような漢字が書かれていたり、漢字のような形状だけど少し違う文字が書かれていたり。たとえば、「練」の一字が大きく書かれたＴシャツを着た男性、また、縦に「SUPER　DRY」、その横に「超極乾燥（しなさい）」と書かれているリュックサックを背負っている男性など。日本人の私たちからすれば、まったく意味不明の漢字や日本語です。とはいえ、漢字や日本語の形自体が、デザインとして関心の的になっていることはわかります。
　また、着物地の衣服を着ている人たちも、ちらほら見かけます。たとえば菊など花鳥風月が描かれた着物地のワンピースなど。日本でも流行の着物リメイクのようなものですが、すこし安っぽい印象です。不思議な組み合わせもよく見かけます。たとえば、ごく薄い、どちらかというと、襦袢にしたらよさそうな生地でできた着物風の上着（丈は腰下くらいまでの長さです）に、子どもの浴衣

用の帯にも似た派手なピンクの帯を結び、下はジーンズを穿いて、そして、まとめた髪にお箸を2本カンザシにして挿している若い女性の姿など。このようなフランス人の姿を見て、日本に対する関心があるんだなと少しだけうれしく思う一方で、少し不思議な世界に戸惑うような気分になるのも正直なところです。

　2007年、パリ・オートクチュール・コレクションで、クリスチャン・ディオールのジョン・ガリアーノはネオ・ジャポニスムをテーマにコレクションを発表し、多くの反響を得ていました。その後2011年にはアルマーニ、その後もいろいろな形での現代のジャポニスムを見ることができます。たしかにネオ・ジャポニスム（新・日本趣味）と呼べるものが、今のフランスにはあるのかもしれません。

✸　2．ジャポニスムの発端

　そもそもジャポニスムはいつに始まるのでしょうか。ジャポニスムとは、日本趣味という意味で、西洋の人たちが日本に対する憧れから、日本的なものを絵に描いたり、モノとして作りだしたりする、一種の芸術思潮とも言えるものです。1862年のロンドン万博や、1867年のパリ万博においての、日本の展示物および日本人によるお茶屋の人気（つまりお茶屋で給仕をした日本女性の美しさが関心を惹きました）などに端を発すると言われています。周知の通り、それらと前後して、日本でも大変人気のあるモネやゴッホやルノワールなど印象派の巨匠たちが、日本の浮世絵、着物、屏風絵、漆工芸などなど、さまざまな日本の美術工芸品に多くのインスピレーションや影響を受けて作品を制作しています。つまり、19世紀には一部の人たちの間で、日本に対する関心が非常に高まっていました。ジャポニスムは日本熱と呼ぶこともできます。このような日本への関心を喚起したのは、日本独自の美術工芸品で、日本人にとっては当たり前のモノたちの美しさが、西洋の人びとにはとてもインパクトのあるものに映ったようでした。これはおそらく今でもそうあり続けているのでしょう。

　とくに着物の美しさは、西洋の人びとにとって、圧倒的な力をもっていたよ

第13章　崩す　　117

うに思います。先に挙げた印象派の画家たちが、着物を着た西洋女性の姿を好んで描いたところからも、そのことはうかがえます。また、1900年のパリ万博で人気を博した女優の川上貞奴の着物姿は、西洋の人びとにとっては驚きと同時に感嘆すべきものでもあったようです。コルセットを着用していないにもかかわらず、実に美しい女性が、目の前に姿を現したからでしょう。その結果、キモノ・サダヤッコという名の着物風の衣服（部屋着）が、その後パリでは流行しました。これはファッションにおけるジャポニスムの典型例と言えるでしょう。

✄　3．部屋着に見る異国趣味

　キモノ・サダヤッコは、ガウン状にして身に着ける、いわば、部屋着でした。実は、部屋着は、かなり時代をさかのぼる17世紀頃から、ヨーロッパにおいては異国趣味的な衣服として存在してきました。

　たとえば、男性の部屋着は、アンディエンヌ（indienne）（インドの、インド更紗）やバニヤン（banyan）（インドの商人）、ヤポンセ・ロッケン（日本の部屋着）などと呼ばれてきたことからわかるように、元来、異国趣味的なものでした。そもそもインド渡来の捺染地である更紗で作られていたり、あるいはペルシャ渡来のシャモワーズという縞の織物でできていたり、そのような姿がインドの商人を彷彿とさせたのが由来なのでしょう。そして、それらの部屋着の形状は、日本の小袖、つまり着物の形にそっくりなものでもありました。そればかりか、日本の小袖自体が、この時代に、非常に贅沢な部屋着として、ヨーロッパに渡っていたとも言われていますから、大変驚きです。したがって、貴族は自室でのプライベートな時間に、ヨーロッパとは異なる文化圏、つまり東洋の雰囲気のなかに浸ることで、くつろぎとともに解放感を感じていたようです。

　たとえば、モリエールの戯曲『町人貴族』（1670年）のジュールダン氏が特注したインド更紗の部屋着は、そのひとつの例だと言えます。ジュールダン氏は憧れの貴族になりきるために、大貴族の暮らしぶりを真似、音楽やダンスを習い、その身にそぐわない努力に余念がありませんでした。彼はインド更紗の部

屋着を身に着けて、いっそう、貴族に近づこうとします。

> ジュールダン氏　もうすぐ新しい服が届けられるんだが、それを着たところをみ
> てもらいたい。
> ダンスの先生　お望みとあらば。
> ジュールダン氏　頭のてっぺんからつま先まで、本物の貴族みたいになったとこ
> ろを見てもらいましょう。
> 音楽の先生　さぞご立派でしょうね。
> ジュールダン氏　これはインドから取り寄せた今流行の生地（インド更紗）で作ら
> せてみたんだがね。
> ダンスの先生　とても綺麗ですね。
> ジュールダン氏　仕立て屋の話じゃ、貴族の皆さんは朝はこんな格好をしている
> んだってね。
> 音楽の先生　すばらしくお似合いでいらっしゃいます。[…]
> ジュールダン氏　（ローブの前をはだけて、赤いビロードのオ・ド・ショースと緑のビロード
> のカミゾールを見せて）これは朝の運動用のちょっとした部屋着なんだがね。
> 音楽の先生　なかなかしゃれていますね。（『モリエール全集』第8巻, 104-106頁）

　ジュールダン氏は貴族の朝の装いをそっくり真似るために、インド更紗の部
屋着を作らせ、いかにも気取って見せています。さらに朝の運動用の部屋着ま
で身につけています。彼に雇われている音楽とダンスの先生は、お追従を言っ
て、ふたりでおだてています。17世紀において、しゃれた部屋着とは、インド
更紗で作られたガウンのようなものでした。もちろん大方の貴族たちは、イン
ドもほかの東洋の国々も、見たことも行ったこともなかったことでしょう。そ
して、東洋の見知らぬ国の人びとの姿をすることが、なにか心地よい、もしか
したら夢見心地を誘うような、特別な贅沢な時間を演出する格好の衣装になっ
ていました。オリエントを思わせる部屋着は、身分の高い人が、なによりも豪
勢で贅沢な気分を味わえる、魔法の衣装であったとも言えそうです。それは、
この時代に誕生した、新しいおしゃれな朝の習慣の装いでもありました。

第13章　崩す　　119

❋　4．異国趣味ゆえの反エチケット性

　ヨーロッパにおいて、異国趣味的要素を色濃くはらんでいる部屋着は、とくに17世紀から18世紀にかけて、ひとつの流行を生み出しました。先述の通り、部屋着の名称は次々と生まれ、さまざまな形態が誕生しました。それらは皆「部屋着」＝ローブ・ド・シャンブル（robe de chambre）の範疇にありますが、たとえばデサビエ（deshabillé）（この綴りはデザビエと読みますが、当時の部屋着としてはデサビエと発音されました）やネグリジェ（négligé）などと呼ばれました。

　deshabillé は「服を脱がせる」という意味の動詞 déshabiller の過去分詞です。婦人用部屋着ですが、このような名称がついたのは、公的な衣服を脱いだ姿であるということなのでしょう。女性が室内で身につける色ものの衣服を指しているとも言われ、儀式などに参列する際の黒い衣服とは異なるものであるという説もあります。

　négligé は、そもそも衣服そのものを指すのではなく「女性が着飾っていない様子」を表したようですが、そのうちに、この名前（ネグリジェ）で呼ばれる衣服を指すようになりました。19世紀のフランス語辞書を編んだリトレは、「男女共に午前中の衣服を意味する」と定義し、服飾史家ルロワールは、「化粧の際に身につける午前中の簡単な衣服」を指しているといいます。つまり、装飾の少ない午前中の化粧着であったのでしょう。

　そして、ローブ・ヴォラント（robe volante）、ローブ・バタント（robe battante）あるいはローブ・バラント（robe ballante）と呼ばれる部屋着由来のドレスが流行したのは、1705年から1720年頃でした。これらは別名、ヴァトー・プリーツあるいはヴァトー・ローブとも呼ばれました。

　これらはすでに異国趣味とは違った次元のものに発展していますが、17世紀から18世紀にかけての部屋着モードをけん引していった衣服たちです。部屋着モードは、礼儀作法書のなかで、実は批判されたものでもありました。この理由については次章で詳しくお話ししたいと思いますが、くつろぎの時間に身に着ける部屋着はそれ自体、エチケット違反の性質をはらんでいました。その理由のひとつは、本来、異国のものであったからです。17世紀にはじまるヨーロ

120　　第Ⅲ部　コミュニケーション──エチケット

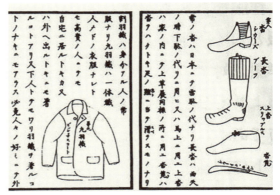

図13-1　ジェームズ・ティソ《日本娘》(1864年、ディジョン美術館所蔵)＊日本をイメージしているが、着物を素肌にはだけて身に着け、頭は日本髪に結っているつもりなのかもしれないが、少し違う。簪のつけ方もなにかが違う。

図13-2　福澤諭吉『西洋衣食住』より＊ビジネスコート（ジャケット）は丸羽織、ブーツは長沓、スリッパは上沓と記されている。文章中では靴のはき方、コートの着方が説明されている。

ッパの部屋着は、外国伝来のものであるからこそ、ヨーロッパの人びとにとって、ルールもマナーも無関係に、自由に着ることができるものであったと思われます。

　19世紀に生まれたジャポニスムにおいてもそうでした。印象派の画家たちが描く、日本人女性（日本人女性を模倣した西洋女性）は小袖を身に着けてはいても、それは決して、きちんとした日本人女性の着こなしにはなっていません。着方がわからないからなのか、ルノワールの〈エリオ夫人〉のように、小袖の上に革のベルトを着けていたり、ティソの〈日本娘〉では日本髪もカンザシの挿し方もなにかが違います（図13-1）。しかし、日本を意識しているのは確実で、それらしく見せようとする努力はわかります。

　同様に、明治時代の日本における洋服導入でも、同じ現象がありました。当

時の日本人は洋服の着方など、当然わからなかったのです。ですから、福澤諭吉は『西洋衣食住』という洋服のガイドブックのようなものを作りましたし（図13-2）、このようなものがなければ、きちんと西洋の衣服をマナー通りに身に着けることができなかったからです。西洋のマナーを知らない、理解できない日本人が、洋服を着こなすのは容易なことではありませんでした。

ヨーロッパの人びとも日本人もお互いに、お互いの衣服を着こなしのエチケットについてはよくわからないままに、自国に導入したとも言えるのかもしれません。

5．異国との接触

おそらく異文化との接触によって、想像力は触発され、大いに創造意欲が刺激されるのだと思います。未知のもの、理解を超えるものを知ることによって、そこから生まれる新しい発想があるのでしょう。しかし、それゆえに、本来持っている伝統や習慣や価値や社会的文脈が壊されてしまうことがあるように思います。

異国趣味は、異国との接触のなかで、都合のいい部分だけを抽出して、好きなように想像の翼を広げることができる、自由な世界であると言えるでしょう。精神を自由に遊ばせるおとぎ話の世界と同じです。

これだけグローバル化が進み、世界の均質化が進んでいても、異国趣味は依然として存在しています。遠い「見知らぬ世界」「憧れの地」というのは、いつの時代にも必要な、イマジネーションの世界なのかもしれません。そういう世界があることで、私たちは心を自由で豊かな空間に遊ばせることができるのでしょう。

エチケットは共通の文化的土壌があるところにしか通用しないものです。エチケットはそれぞれの社会のなかの、共通言語のようなものだからです。異国趣味は、基本的に、対象となる異国の文化的背景まで深く理解したうえで行われるものではありません。異国の文化的文脈を無視したところに成り立つのが、異国趣味だからです。しかし、それゆえに、自由に表現を膨らませること

が可能となり、エチケットを知らないからこそ、見知らぬ国、おとぎの国のお
とぎ話の世界に、自由に遊ぶことができるのかもしれません。文化的背景を知
らない、あるいは持たないからこそ、得られる自由。異国趣味とは、基本的に
そのようなものであり、したがって、本質的にエチケットを破壊するものとし
て機能するのだろうと思います。これが、おそらく、ネオ・ジャポニスムを目
にして、私（たち）が、うれしいと思いつつ、なにか戸惑いを感じる原因のひ
とつなのではないかと思います。

第14章
逸脱する

> エチケットを守るのは社会通念です。しかし、このような決まりごとは人を窮屈な思いにさせることもあり、そこから逸脱したいと思う人たちを生むこともあります。あえてエチケットにあらがうファッションにもそれ相応の意味があり、他にはない力さえはらんでいます。本章ではそのことを読み解いてみます。

1. 部屋着ファッションのルーツ

　ガブリエル・シャネルがファッション・デザイナーとして世界に名前が知られるようになったのは、1916年のジャージー・スーツの発表からでした。戦時中の疎開先であったドーヴィルにおいて、物資の乏しいなかで、それでもなお女性がおしゃれに過ごせるよう作られたスタイルでした。ジャージーはそれまで、男性ものの下着や部屋着としてしか用いられなかった素材でしたので、これで女性のスーツを作ってしまったことが、とても新しく受け止められたようです。

　同じような例としては、1970年代から80年代、ソニア・リキエルが、やはりカジュアルな部屋着としてしか用いられなかったニット地で、おしゃれな街着を作りました。シャネルもリキエルも、発想の転換で、おしゃれ着としては用いられなかった素材で、新しいデザインを生み出したのでした。

　これらを部屋着ファッションと呼ぶこともできるかもしれません。たとえば、下着が表着になっていくことは、ファッションの世界ではよく見られることです。同じように、くつろぎの時間に身に着ける部屋着も、ファッションの

カジュアル化が進むにつれて、表着になっていくことがあるようです。とくに最近はスポーツウェアがおしゃれ着に発展してきています。カジュアル化ということと、部屋着ファッションはどこか通じているのではないかと思います。カジュアル化やスポーツウェア的なファッションというのは、どちらも身体の快適さを求めるがゆえに登場してきたものでしょう。しかし、この快適さとは、時にはエチケット違反と見なされることもあります。エチケット違反のファッションには不思議な魅力があるようですが、そのことについて、服飾のエチケットをテーマとする第Ⅲ部の最後に考えてみたいと思います。

✖ 2．部屋着ファッション批判

　くつろぎの場で身に着けている衣服を外出着として用いる場合、それを好ましく思わない人は案外多いのではないかと思います。服装規範は T.P.O. をわきまえていることが大事ですから、それを逸脱していると見なされるわけです。歴史を眺めてみると、部屋着ファッションが、ことさらに批判された時代がありました。18世紀の前半のことです。

　図14-1 はアントワーヌ・ヴァトー（Antoine Watteau, 1684-1721）の晩年の作品、「ジェルサンの看板（L'enseigne de Gersaint）」（1720年）です。当時の最新モードの、いわゆるヴァトー・プリーツ（pli Watteau）として知られる淡いピンクのローブをまとった婦人が、今まさに木箱に納められようとしているルイ14世（1638-1715）の肖像画を軽く一瞥しています。ルイ太陽王の時代が終わって5年が経過し、時代が移り変わったことを見事に視覚化した作品として知られています。

　この女性が身につけている新しいタイプのローブは、実際には新しいものなどではありませんでした。というのも、このような形態のローブは、17世紀以来すでに女性の私室で身につける部屋着として用いられてきたものであったからです。それがローブ・ヴォラント（robe volante）、ローブ・バタント（robe battante）あるいはローブ・バラント（robe ballante）と呼ばれて流行したのは、1705年から1720年頃とされています。ヴァトーが好んで描いたためヴァトー・

第14章　逸脱する　　125

プリーツと呼ばれているものです（図14-1）。

このローブに象徴されるように、18世紀初期に部屋着モードとでも呼べるものが台頭していました。ゴンクール兄弟 (Edmond Huet de Goncourt, 1822-1896, Jules Huet de Goncourt, 1830-1870) が『18世紀の女性』(1854

図14-1　アントワーヌ・ヴァトー《ジェルサンの看板》(1720年、ベルリン、シャルロッテンブルク城) ＊左の後ろ姿の女性のドレスがヴァトー・プリーツ。

年) のなかで指摘しているように、18世紀は「普段着のおしゃれ、部屋着の魅力のほうに方向転換をする」時代なのでした。

ところが、このような部屋着由来のローブは、同時代人の批判を買ってもいました。たとえば、パラティヌ皇女 (Madame duchesse d'Orléans, Charlotte-Elisabeth de Bavière, dit Princesse Palatine, 1652-1722) が1721年4月12日の書簡のなかで、この新しいタイプのローブは「はしたない (indécence)」と非難しています。

> ローブ・バラントは、私には耐え難く、許すことができません。これは、私には、はしたないものに思われます。なぜなら、ベッドからいましがた出てきたように見えるからです。

パラティヌ皇女の目には、このドレスは寝間着姿と変わらない恥ずべき姿に映っていたのでした。

3．快適はイケナイ？

パラティヌ皇女の部屋着ファッション批判は、同時代の礼儀作法書の言説に支えられたものです。当時の作法書においては、部屋着を人目に触れさせることは作法に反するものとして厳しく非難されているからです。たとえばジャン・バティスト・ド・ラ・サルの『キリスト教徒の礼儀作法の規則』は次のよ

うに言っています。

　　快適さを求めて、帰宅したとたんに部屋着を身につけ、このような装いで人に
　　会うのは礼儀に反する。このようなことが許されるのは、老人と身体の不自由な
　　人のみである。同様に、自分より身分の低くはない人に対して、このような姿で
　　訪問を受けるのは、敬意に欠けるものである。

　帰宅してすぐに部屋着に着替えて人に会うことは、とんでもないと断じられ
ています。それが唯一許されるのは老人と身体の不自由な人だけであって、自
分と同等か高位の人の訪問をそのような姿で受けるのは、礼儀に反するものと
されました。さらに、「（人の前でくつろいだ格好をすることは）快適さを求める人
びとによくあることだが、これはまったく礼儀に適っていない」とラ・サルは
続けます。

　ファッションによる快適さの追求が好ましくないと思われたのは、それが、
身体の快適さと心地よさを求めることになり、つまり快楽につながると考えら
れたからでした。作法書はその点を問題視したのです。たとえばラ・サルは
「快適」が好ましくない理由を、「神のおしえ（Loi de Dieu）」に背くからである
とします。人間が衣服を身につけるのは原罪のゆえであるとし、人間固有の恥
じらいの感覚と神のおしえこそが、人間に身体を衣服で覆うことを要求するの
だというのです。

　　私たちが衣服を着たり、衣服で身体を覆ったりする必要があるのは原罪の故で
　　ある。この理由のために、私たちは常に罪びとの名を帯びているので、衣服がな
　　いだけでなく、すっかり身体を包み込んでいない状態で、人前に出ることは決し
　　て許されない。このことは恥じらいの感覚と同様に神のおしえが要求することな
　　のだ。

　「神のおしえ」とは、聖書の創世記のアダムとイヴの楽園追放の話にほかな
りません。蛇にそそのかされて知恵の実を食べたアダムとイヴが、裸体である
ことに気づきイチジクの葉で身体の一部を隠したこと、そして、神に皮衣を与
えられて楽園を追放されるという教えです。つまり、性に対する恥じらいこそ
が、衣服を身につける原点というわけです。この前提に立脚し、「神のおしえ」

第14章　逸脱する　　127

に反するがゆえに、快適さを求める衣服についての訓戒を述べているのです。

4．部屋着の種類

　当時の作法書で批判された部屋着とは、次のような衣服です。ラ・サルが列挙しているのは、部屋着（robe de chambre）、シュミーズ（chemise）、ペティコート（simple jupon）、室内履き（pantoufle）、ナイトキャップ（bonnet de nuit）でした。

　ラ・サルが最初に挙げた部屋着は、17世紀以来、男女の部屋着の総称として用いられた言葉です。robe de chambre の範疇に含まれるのは、前章で紹介したデサビエ（deshabillé）（図14-2）、ネグリジェ（négligé）などのほかに、先に挙げたいわゆるヴァトー・プリーツがあります。デサビエは婦人用部屋着、ネグリジェは、女性が身に着ける午前中の化粧着を指しています。

　ヴァトー・プリーツは最初に引用したように、パラティヌ皇女が寝間着姿と見紛うとしているものです。パラティヌ皇女は、1718年8月9日の書簡で、モンテスパン夫人が妊娠していることを隠すために、このような部屋着風のローブ（robe battante）を発明したと述べました。

図14-2 《寝起きの室内着姿の貴族女性》(1694年、文化学園大学図書館所蔵) ＊部屋着（デサビエ）姿の女性。

　モンテスパン夫人は自分の妊娠を隠すためにローブ・バタントを発明しました。というのはこのローブは腰まわりを隠してくれるからです。しかし彼女がそれを着ると、まるで隠したいものをその顔に書いてしまっているかのようでした。宮廷では誰もが言っていました。「モンテスパン夫人はローブ・バタントを着ているわ。だから彼女は妊娠してるのよ」。そうすれば宮廷でもっと敬意を

払ってもらえると思って、彼女はそれを故意にやっているのだと思います。そして実際そうなりました。

　パラティヌ皇女は、このモンテスパン夫人のふるまい自体にはしたないものを感じ、嫌悪感を抱いていたようです。道徳家であるパラティヌ皇女には、妊娠していることをこれ見よがしに服装によって示すことは、耐え難いことだったようです。これらの複数の名称で呼ばれるローブが、すべて部屋着の範疇にあったと考えられます。

✖　5．秩序を覆す：官能性と哲学

　これらの部屋着がエチケット違反と考えられたのはなぜなのでしょうか。先に述べたように、作法書は、なによりも快適の追求を認めませんでした。それは神のおしえに背くものであり、アダムとイヴの原罪に対する恐れを忘れた行為であると見なしたからでした。なぜなら、部屋着は、とりわけ、女性の性的魅力を引き立たせ、強調するものとして機能したからです。

　たとえば、19世紀の歴史家であり作家でもあったゴンクール兄弟は、18世紀の部屋着ファッションに身を包んだ女性のことを、次のように述べています。

　　部屋着を着た女性は、美しさではより劣っても、より危険である。彼女は、その当時の表現で言えば、気取りはより目立たないが、より人の心に触れる。余分な助けを借りずに、彼女自身の姿で、少なくとももっとも女性本来の姿を偽ることなしに、相手の気持ちをそそるのである。

　ゴンクール兄弟が抱いたような当時の部屋着のイメージを物語る文献は数多く存在します。ルソー（Jean-Jacques Rousseau, 1712–1778）は『告白』第7巻（1743年）のなかで、部屋着姿の女性の危険な魅力を次のように述べました。

　　彼女は化粧の最中にわたしを迎えた。腕もあらわにし、髪をみだし、化粧着姿もしどけなかった。こんな姿で迎えられるのははじめてだ。わたしは […] とりみだし、気もそぞろである。つまり、デュパン夫人にほれてしまったのだ。（ルソー『告白』（中）、桑原武夫訳、岩波文庫、1997年、32頁）

ルソーは別の箇所でも、部屋着姿の女性に惹かれた経験が幾度もあることを明かしています。第5巻（1733年）で次のように言うほどでした。

　　美しい女が部屋着でいるほど恐ろしいものはない。着飾っていたら、その百分の一もおそれはしないだろう。（ルソー『告白』（上），桑原武夫訳，岩波文庫，270頁）

　しかし、女性の官能性の喚起が、なぜ、ことさらに忌避される必要があったのでしょうか。それは、身体の快楽を想起させるという理由からだけではありませんでした。当時、過剰なエロティシズムは、歴史家ロバート・ダーントンやリン・ハントらが論じているように、社会秩序を批判する手段となっていたのです。アンシャン・レジーム期後期のフランスには、王権を批判するために、性的なイメージを用いることがよくありました。そのような書物は発禁処分にされましたが、それらは無差別に「哲学書」の範疇に分類されていました。とりわけ、革命期が近づくにつれ、これらの発禁本による秩序転覆をねらった書物は、パンフレットなどの地下出版の形で、多種多彩に展開していました。つまり、女性が自身の性的魅力を自由に振りまくふるまいは、作法と秩序によって支えられた宮廷社会のシステムを、じわじわと揺るがしていく力を感じさせるものであったのでしょう。哲学者もまた部屋着を愛しましたが、彼らの思想自体も、体制を批判するものとして、危険視されたのです。

✖ 6. ファッションの力

　エチケット違反の衣服には、なにか社会を突き動かしかねない力が秘められているのかもしれません。18世紀においては、部屋着モードがそのようなものとして受け止められていました。そして、それゆえに、モードとしての力と大きな魅力を発揮していたと思われます。

　現代においても、たとえば、イギリス発祥のパンク・ファッションはそのようなパワーを持っていたのではないでしょうか。正統派ファッションのもつエチケットやルールを、ダイナミックに打ち破っているパンク・スタイルは、大人の社会を大胆に批判し、揺さぶりをかけます。そして、彼らの姿を目にする

こと自体が、大人たちに不安な気持ちを感じさせたことでしょう。なぜなら、エチケット違反の衣服は、エチケットに支えられた社会秩序に対して、とりわけその秩序の矛盾やほころびに対して、声には出さずとも、目に鮮やかに、異議申し立てをするようなものであるからです。

　ファッションは時代を映す鏡と言われます。ファッションの変化は、人の意識を根底から徐々に変化させていきます。それは時にはドラスティックなものでさえあるかもしれません。その結果、社会の変革も促していくことがあります。既存のエチケットに抗うファッションには、そのような変革を、身体のレヴェルから起こしていく力が秘められているように思います。そして、それゆえに、モードとして大きな吸引力をもつことになり、いっぽうで大きな反発を買いながらも、人を強く惹きつけるのだろうと思います。

第IV部

フィクション
―小説と映画―

フィクションとは創作物であり、虚構である。
だから、小説や映画、絵画などの世界には
事実とは異なることがら、想像の世界が描かれているのかもしれない。
しかし、フィクションには、フィクションであるがゆえに、
服飾の持つ意味が、象徴的に、色鮮やかに、映し出される場合も多い。
史料としてのフィクションが持つ豊かな可能性を考えてみたい。

第15章
服飾が語るロココの女王
ツワイク『マリー・アントワネット』

ヨーロッパの服飾史のなかでもっとも華やかな時代、18世紀。現代の女性が憧れるロココの時代の、ファッション・リーダーとしてマリー・アントワネットは一時期存在していました。シュテファン・ツワイクの伝記的小説『マリー・アントワネット』に記された服飾描写から、彼女の人生を読み解きます。

1．ロココの女王はファッションの女王

　朝、ヴェルサイユ宮殿で目覚めた時、ロココの女王の最初の気がかりは何であろうか？　首都からの報せ、政府からの報告であろうか？ […] 決してそうではない。[…] マリー・アントワネットは、今日はどの服を着るかを決定せねばならぬ。なんという困難かつ責任重大な選定であろうか。なぜなら、年々新調される無数の衣裳はいわずもがな、各季節ごとに12着の公式用衣裳、12着の非公式服、12着の儀式用衣裳が定められているからである。（流行界の女王が同じ衣裳を着たりなんかしたら、いかに不名誉なことになるか思い見よ。）そのうえ、裁縫師や侍女たちの一隊が忙殺されている目に見えない兵器庫から繰り出される、部屋着、胴衣、レースのスカーフ、肩掛け、帽子、オーバー、胴締（コルセット）、手袋、ストッキング、下着類等々、選択はいつも手間取る。ようやくのことで、謁見式のためにはこの儀式服、午後にはこの略服、夜は正装といった具合に、マリー・アントワネットが今日着用したいと思う衣裳の見本に、ピンが刺される。これで最初の気がかりが片付く。（ツワイク『マリー・アントワネット』（上）高橋禎二・秋山英夫訳, 岩

マリー・アントワネットの日常は、このような贅沢な朝の時間から始まりました。マリー・アントワネットに憧れる現代女性たちは、まず、このような朝の優雅な衣裳道楽の時間に憧れるのかもしれません。18世紀の王族の女性たちは、朝の着替えの時間に数時間もかけ、その時間に客を招じ入れ、もてなすのが常でした。マリー・アントワネットも当然そのようにしており、たとえば、この時間に悪名高いモード商人ローズ・ベルタンを招いています。ベルタンはいそいそと新奇なファッションのアイデアを次々と開陳して見せていたはずです。

図15-1 モロー・ル・ジューヌ《挨拶》（1777年、『衣裳の記念碑』所収. *Documents pour l'histoire du costume de Louis XV à Louis XVIII*, tome 1 より。ローブ・ア・ラ・フランセーズ）

マリー・アントワネットが一日に身に着ける衣裳は一着ではありません。朝の化粧の時間の衣裳、儀式ごとの衣裳、狩りの衣裳、午後のくつろぎの時間の衣裳、夜の正装、そして、夜中に仮装舞踏会に出かけていくときは、お忍びの格好（図11-2）というように、一日のうちに何度も着替えをするものでした。そのひとつひとつが豪華絢爛なものでありました。儀式の際に身に着けるのはローブ・ア・ラ・フランセーズと呼ばれるドレスでした（図15-1）。

衣裳の次にマリー・アントワネットにとって大事なものは髪型でした。

> 毎朝第2番目の気がかりは結髪。ここでも幸いにすばらしい芸術家がひかえている。レオナール氏その人、無尽蔵の手を持った古今無双のロココのフィガロである。[…] まず第一に、巨大なヘヤピンと固いポマードを猛烈に使って、プロイセンの擲弾兵の帽子の2倍くらいの高さはゆうにあると思われるほどに、ひたいの根っこから、頭のてっぺんへ、蝋燭のように真直ぐに髪を突っ立てる。そこ

図15-2 《フリゲート艦ユノ（女神）とあだ名された新しい帽子》(Gallerie des modes et costumes français, 1778-1781, 文化学園大学図書館所蔵)＊軍艦を頭に乗せた髪型

ではじめて、目の上半メートルの高さの空中楼閣に、この芸術家本来の彫刻的世界が展開する。果実あり、庭あり、家あり、船あり、風波荒き海ありといったパノラマ的風景全体をはじめとして、色とりどりなる見世物よろしくのありとしあらゆるものが（ボーマルシェのパンフレットにでている言葉を使えば）、この「急転直下髻」や「千変万化髻」の頂上に櫛一本でかたどられるだけではなく、流行新型に変化を与えるために、この整形術はつねに時の問題を象徴的に表現する。（同書, 156-157頁）

ロココのフィガロと記してあるのは、フィガロが当代随一の喜劇作家ボーマルシェの『セルビアの理髪師』の主人公だからです。マリー・アントワネットにはお抱えの結髪師がふたりいました。ひとりは公的な場での髪型をととのえてくれるラルズニュール、そしてマリー・アントワネットのお気に入りは珍奇な髪型を次々と考案してくれるレオナール・オーティエでした。18世紀前期にはすっきりとタイトにまとめられていた髪型が、マリー・アントワネットの時代には、巨大な人工的な建造物のように大きくそびえるようになりました。その様子を伝える版画は数多く見受けられます。果実も、庭も、庭師も、船も実際に頭の上を飾っていました。ときには大きな人形まで頭を飾ります。もっとも有名なのは、船、つまり軍艦を載せた頭ですが、これはアメリカ独立戦争の英仏海戦で勝利したフランスの軍艦、ラ・ベル・プール（「美しき雌鶏」という意味）などの軍艦を記念したものです（図15-2）。つまり戦勝記念の髪型でした。このとき、ヴェルサイユの庭園が軍艦で埋め尽くされたように見えるくらい、貴婦人たちはこれを真似て、こぞって頭に軍艦を載せていたと言われています。ですから、確かに、髪型が時

事問題を扱っていたと言えるのでしょう。

✂ 2．白い下着類が暗示するアントワネットの宿命

　このような贅沢三昧のマリー・アントワネットは、しかし、初めからそうだったわけではありません。マリー・アントワネットはいくつかの段階を経て、周到にフランス王妃に仕立て上げられていきました。その過程を、彼女が身に着けた下着類から読み取ることができます。下着とは第Ⅰ部でみた白いリネン類（linge）のことで、シュミーズやレースやそのほかのさまざまな身に着ける白いリネンの布類のことを指しています。

嫁入り前の娘としての出発

　マリー・アントワネットはオーストリアのハプスブルク家の王女です。母はマリア・テレサ、偉大なる女王でした。マリア・テレサは政略結婚として、娘をフランスのブルボン家に嫁がせるのですが、そのために入念に準備したのが、娘マリー・アントワネットの婚礼道具です。当時の婚礼道具の準備とは、身の回りの白いリネン類を整えることにほかなりません。マリア・テレサも、マリー・アントワネットに、次のようなリネン類を整えてあげています。

　　　マリア・テレサも同じような豪奢のかぎりをつくして、娘の調度をととのえ
　　る。特別マリーヌで編ませたレース、繊細極まりない亜麻布、絹と宝石。（同書.
　　25頁）

　母マリア・テレサが準備したアントワネットの婚礼道具の主なものは、ベルギーのレース産地マリーヌで作られた高級レース、そして、極めて繊細な上等の亜麻布で構成されていたようです。それらがどのようなものであったのかは、当時の下着製造販売業者である lingère で扱っていたリネン類のリストを見れば、想像できます。1771年に科学アカデミー会員のガルソーが著した『下着製造販売業者の技術』によると、下着製造販売業者が注力する仕事は、女性の人生におけるふたつの大きな節目、結婚と出産のときに必要な布類をそろえ

第15章　服飾が語るロココの女王：ツワイク『マリー・アントワネット』　137

ることでした。この書物によると、女性が婚礼のために準備しなければならない白い布類とは、かぶりもの、化粧着、肩掛け、シーツ、枕カバー、手拭、肌着のシュミーズや、襟飾り、カフスなどでした。ガルソーによれば、上流貴婦人のための婚礼道具には、このような白い布類を42種類も用意し、しかもそれぞれの品を数十枚ずつ準備したものでした。そのほとんどに上等のレースが付属していました。マリー・アントワネットは王妃になる女性ですから、おそらくさらに多くの下着類を準備してもらっていたことでしょう。

　母に愛されている娘として、マリー・アントワネットは最高級品の白いリネン類を整えてもらい、フランスに嫁ぐ準備を進めていました。このとき準備されていたリネン類は、娘を思う母の愛情の証です。

フランス王太子の許嫁として、オーストリアを捨てる

　しかし、せっかく母が揃えてくれた上等のリネン類は、フランスに持ち込むことは許されませんでした。国境を出てフランスに入るところで、マリー・アントワネットは、厳かに、しかし儀式ぶった冷ややかな丁重さでもって、フランス側に引き渡されます。しかも今後一切、母国オーストリアにつながる人やものとは別れを告げなければなりませんでした。このとき、マリー・アントワネットはオーストリアから身につけてきた一切の衣服を脱ぎ捨てることになります。

> 　式の次第によれば、彼女はお里からつけてきた糸一本肌に身につけていてはならぬというわけで、靴もストッキングも肌着も帯もいっさい脱ぎ捨てなければならぬときめたのであった。マリー・アントワネットがフランス皇太子妃になる瞬間から、フランス製のものだけをお召しにならなければならぬ。だから、この14歳の皇女は、オーストリア側の控室でオーストリア側随員のいならぶ前で、すっぱり裸になるまで衣裳をとってもらわねばならぬ。一瞬きゃしゃな、まだ蕾の少女の肉体が暗い部屋の中で光る。それからフランス絹のシュミーズ、パリ製のペチコート、リヨン製のストッキング、フランス宮廷御用靴師がつくった靴、レース、リボンが彼女の肌にかけられる。(同書, 32-33頁)

　マリー・アントワネットはフランスに渡った途端、すべてのオーストリアの

ものと別れを告げなければなりませんでした。フランス皇太子妃になるからに
は、フランスのものしか身につけてはならないのです。これを限りに、上等の
亜麻布よりもさらに上等のフランス絹（おそらくリヨン製でしょう）のシュミー
ズ、美しいフランスのレースやリボン（当時流行のパリ製かもしれません）に身を
包まれます。しかしたとえ素晴らしく上等のものであったとしても、それは彼
女の素肌には、実にひんやりと感じられるものであったことでしょう。母マリ
ア・テレサが愛情を込めて用意してくれた衣類を脱ぎ捨てるのは、あまりにも
酷な悲しいことであったにちがいありません。しかし、こうして、フランス皇
太子妃、のちのフランス王妃になるための身支度が進められたのでした。

王位継承者の妻になるための夜着のシュミーズ

　そして、とうとう、後のルイ16世との婚礼の日がやってきます。盛大な婚礼
の儀式の最後は、以下のように締めくくられます。

> 　　ルイ15世は右手に王太子妃を、左手に王太子を伴って、子どもめいた夫婦を、
> 彼らの寝室にみちびく。寝室のなかまで儀式が侵入する。なぜなら、王位継承者
> に寝衣を手渡すことのできる者は、フランス王御自身のみであり、王太子妃に寝
> 衣を渡しうるものは、最近結婚した貴婦人の中で一番身分の高いものと決まって
> いるではないか？（同書, 40-41頁）

　貴族の結婚の際、その結婚が正当なものであることを示すために、花嫁や花
婿に対し、初夜の床に入るためのシュミーズが、名誉ある人物によって手渡さ
れるものでした。したがって後のフランス王とマリー・アントワネットの結婚
にも同様の、否、むしろさらに格式ばった儀式が必要でしたので、フランス王
の手ずから、初夜の寝衣としてのシュミーズが厳かに渡されるのでした。マリ
ー・アントワネットも一番身分の高い貴婦人からシュミーズを手渡されます。
こうして、またも、下着によって、マリー・アントワネットの境遇の変化が示
されます。シュミーズによって象徴的に、王位継承者の妻、フランス王太子妃
としてのマリー・アントワネットが完成します。
　しかし、ツワイクも書いているように、また夫君ルイ王太子の日記にも記さ

第15章　服飾が語るロココの女王：ツワイク『マリー・アントワネット』　139

れたように、この晩、この若い夫婦の間にはなにも起こらなかったのでした。

朝のシュミーズの着替え

　その後、王妃になったマリー・アントワネットの毎日は、朝の下着の着替え
から始まるのでした。先に述べたように、毎朝の彼女の気がかりは衣裳のこと
が第1でしたが、その前に重要なこととして、朝のシュミーズの着替えの儀式
があります。

　　　一日の生活は堂々たる儀式によって始まる。衣裳部屋をつかさどっている典侍
　　が、朝の装いにいるシュミーズやハンカチなどを持って入ってくる。(同書. 153
　　頁)

　もちろん、晴れて王妃になったマリー・アントワネットにとって、もはや朝
のシュミーズの着替えの儀式は慣れたものになっていたことでしょう。フラン
ス王も同じような朝のシュミーズの着替えの儀式を行うものですが、それはル
イ14世の時代から受け継がれている大事な宮廷の儀式でした。朝の着替えの際
に、王にシュミーズを手渡すことができるのは名誉ある行為であり、それだけ
でひとつの官職をなしているほどでした。つまり、ルイ14世の治世下では、フ
ランス侍従長がその大役を担い、着替えの際には右袖を通すのは寝室部に所属
する第一扈従官が、左袖を通すのは衣裳部の第一扈従官が受け持つという形に
なっていました。本来、私的な空間で身につけられている下着シュミーズは、
このように王族の儀礼のなかでは列席者の面前で日常的に披露されている衣服
でもあったと言えます。

　マリー・アントワネットの白い下着類を見ていくと、彼女の宿命がそこに見
えてくるように思います。このようにして、マリー・アントワネットは彼女の
意思とは別のところで、フランス王妃になるべき人物として、作り上げられて
いったように思います。

140　　第Ⅳ部　フィクション——小説と映画

� 3．愛と悲しみの人生

　このように、ツワイクの作品のなかで、彼女の身に着けたシュミーズに関する描写を見ていくと、マリー・アントワネットの運命が見えてきます。

　マリー・アントワネットは、とりたてて秀でたところのない、ごく平凡な女性であったと言われます。しかし、実際には、よく読書をし、知的な教養も兼ね備えていた人物でもあったようです。しかしツワイクは、そのごく普通の女性が、王妃になったがゆえに、大きな悲しみを背負っていくことになったのだと、描いているように思います。ルイ16世との生活は、まったく愛情のかけらもなかったわけではありませんが、彼女にとっては物足りない生活でした。おそらく本当に愛したのは、スウェーデンの貴族フェルセンで、しかし、すでにフランス王妃になっていた彼女には、結ばれる当てのない恋であったように思います。マリー・アントワネットの人生の後半は、王妃の座を革命によって奪われることによる、失望や絶望、一縷の望みをフェルセンとの愛のなかに見出そうとするものの、これもかなわぬものに終わるという、まさに愛と悲しみの物語になっていきます。ツワイクの言うように、大きな失意のなかで、最後の最後になって、マリー・アントワネットは、王妃の威厳もそなわっていくようになります。このようなマリー・アントワネットの生涯を、以下では、彼女の身に着けた白いドレスと、指輪の表象を読み解くことによって、たどってみたいと思います。そこには、華やかで派手なロココの世界とは一線を画すような、彼女の真実の物語が描かれているように思われます。

✂ 4．マリー・アントワネットの白いドレス

現実逃避のシュミーズ・ドレス

　マリー・アントワネットがヴェルサイユ宮の儀礼に支配された毎日の営みをひどく嫌っていたのは有名です。彼女はそこから逃れるために、夫からプチトリアノン宮（図15-3）をもらいうけました。そのことをツワイクは次のように記しています。

図15-3　プチトリアノン宮（2012年，筆者撮影）

図15-4　マリー・アントワネットが農婦の真似事をして過ごしていた「村落（アモー）」（2012年，筆者撮影）

しかしヴェルサイユでは自由なぞいうものは不可能である。明るく照らし出された鏡の回廊では歩一歩が明るみにさらされる。すべての動作は制御され、すべての言葉はその裏をかいた風によってさらに運ばれる。ここではひとりきりでいるということもできず、二人だけで差し向かいということもできない。心ゆくまで休むということも不可能だし、ほっとすることも許されない。王などいうものは、実に呵責なく峻厳に規則正しく時をきざむ大きな時計の権化みたいなもので、誕生から死まで、起床から就寝までのあらゆる一つ一つの人生行為が、愛の時間までが、公の行為に変わってしまう。すべての者が従う支配者は、ここではすべての者に従う者であり、自分自身というものはない。しかし、マリー・アントワネットはあらゆる監督束縛が大嫌いの性分である。そこで王妃になるとすぐ、王妃でなくてもすまされる隠れ家を、いつでも望みをかなえてくれる夫に求める。するとルイ16世は、半ば弱気から、半ば恋人らしい気持から、結婚の贈り物として夏の離宮、小トリアノン宮を彼女に与えたのである。それは広大なフランス王国に比べれば、まことに小さな世界であるが、彼女自身の第二の王国であった。（同書（上），岩波書店，167-168頁）

　このように、窮屈な宮廷行事や儀礼の世界から逃れるかのようにして、プチトリアノン宮ですごす時間が、次第に増えていきました。といっても、年に20日程度のことだったとも言われています。プチトリアノンでは、彼女のお気に

入りのものに囲まれ、宮廷とはまったく異なるロココの夢の世界に遊ぶことができました。そのような彼女の現実逃避の最たるものが、トリアノン宮の奥に造営した「村落（アモー）」（図15-4）です。ここには、当時大流行したルソーの『新エロイーズ』の影響を受けたかのような、牧歌的な自然への憧れが存分に発揮されていました。この村落は、今ではヴェルサイユ宮殿を観光で訪れる際のひとつの名所になっており、現代人の心をも癒してくれるような場所になっていますが、マリー・アントワネットにとっても、まさにそのような場所でした。当時の重税に打ちひしがれた本物の農民の苦悩とは

図15-5　ヴィジェ・ルブラン画《ガリア服のマリー・アントワネット》（1783年、ダルムシュタット城博物館所蔵）

無縁の、実にロマンチックにロココ的に演出された、ひとつのユートピアとしての農村風景です。まさにロココの雅宴画（フェット・ギャラント）を現出させるための舞台の書割と言ってもいいかもしれません。

　この「村落」は、マリー・アントワネットにとっては戸外劇場であり、軽い田園喜劇、まさにその軽率さにおいて、ほとんど刺激的な田舎芝居の舞台であった。［…］羊を牧場に連れて行くのにも青いリボンを使い、女官に日傘をかざさせて、洗濯女が小川のほとりでリンネルを洗いすすぐさまを、女王が見惚れていらっしゃる。ああ、この簡素のなんという素晴らしさであろう。［…］着ているドレスといえば、田舎びて簡素な、薄いモスリン地のものだ。（同書，179頁）

「村落」でマリー・アントワネットが身につけていたのは、有名な王妃のシュミーズ・ドレスでした。ヴェルサイユ宮殿では着用が義務付けられていた絢爛豪華なローブ・ア・ラ・フランセーズ（図15-1）を、ここでは脱ぎ捨てて、華美な装飾の一切ない簡素なシュミーズ・ドレスを身にまとい、マリー・アン

第15章　服飾が語るロココの女王：ツワイク『マリー・アントワネット』　143

図15-6 ヴィジェ・ルブラン画《バラを持つマリー・アントワネット》(1783年、ヴェルサイユ宮殿美術館所蔵)

図15-7 《散歩服》(*Journal des Dames et des Modes*, 1803年、*Documents pour l'histoire du costume de Louis XV à Louis XVIII*, tome 5 より)

トワネットは夢のような田舎のおとぎ話の世界に、心を遊ばせていたのでしょう。とはいっても、このモスリンのシュミーズ・ドレスは、実際には「数千金を投じて絵模様を描かせてある」ものなのですが。

　このシュミーズ・ドレスを着たマリー・アントワネットを、画家ヴィジェ・ルブランが描き残しています（図15-5）。この肖像画では、王妃自身の気に入った衣服を身に付けているからなのか、女友達のように気心を許していたお気に入りのヴィジェ・ルブランに描いてもらっているからなのか、マリー・アントワネットはとてもくつろいだやさしい表情をしています。しかし、すでに第Ⅰ部でみたように、この絵は、当時の宮廷社会では大変に不評で、描き直させられました。王妃たる者が、下着か寝間着のような姿で描かれているのは不謹慎という理由からでした。描き直させられた王妃の姿は、その表情も幾分こわばっているかのように思われます（図15-6）。この現実逃避の夢の白いドレスは、皮肉にも、彼女の死後に、現実にモードとして流布していくことになりま

144　第Ⅳ部　フィクション——小説と映画

した（図15-7）。

王妃の威厳

　マリー・アントワネットの人生のなかで、白いドレスは象徴的に表れます。その最たるものが、処刑のその日に身に着けた白いドレスでした。ツワイクの文章のなかでは「白いガウン」と記されていますが、ドレスと読み取って構わないでしょう。

　処刑のその日、マリー・アントワネットはすでに１年以上の長きにわたって、独房に閉じ込められており、亡き夫王の喪に服して、黒い喪服を身に着けていました（図15-8）。しかし人目につく喪服では、民衆を刺激するかもしれないということで、当局はマリー・アントワネットに、処刑の際には黒い喪服を着てこないように説いていたと、ツワイクは説明しています。そして、ツワイクによれば、「今さら着物のことがなんであろう！　彼女はなんの意義も唱えないで、軽い白いガウンを着て行くことに決め」たのでした。

　そうして、死刑執行のその日、王妃はすでに何日もひどく体調を崩していたのですが、最後の力を振り絞って、汚れた下着を着替えます。汚れた下着を独房に残していくことを恥じた彼女は、それらをストーブの後ろの板の割れ目に押し込んで隠します。

図15-8　《喪服》（*Cabinet des Modes*, 1786, 18e cahier，文化学園図書館所蔵）

　　　それから王妃は特別念入りに身仕舞する。一年以上も街に出たことはなく、自
　　　由な広い青天井を仰いだこともない彼女にしてみれば、この最後の外出こそ、端
　　　正清潔な服装でなければならない。彼女のこうした気持ちは、もはや女の虚栄心
　　　ではなく、歴史的瞬間にふさわしい威厳を保とうという心遣いからである。彼女
　　　は念入りに白いガウンのしわを伸ばし、襟首を軽いモスリンの布で巻き、一番い
　　　い靴を選ぶ。二段折の帽子が白くなった髪の毛を隠す。（同書，337頁）

第15章　服飾が語るロココの女王：ツワイク『マリー・アントワネット』　　145

このように最期の瞬間になって、マリー・アントワネットは、王妃としての威厳を保つための最大限の努力を払います。もはや豪華絢爛なローブ・ア・ラ・フランセーズで示された王妃のまばゆい姿は遠い過去のものになり、今身に着けられるのは簡素な白いガウンに過ぎないのですが、その姿は、自らの死に際して、ひるむこともなく、決然と覚悟を決めて臨む神々しいばかりの姿に変貌していました。もう、命が助かることはない、しかし、王妃としての威厳と名誉だけは救わなければならないという覚悟が、最後の身支度に現れているようです。「白いガウン」と簡単に記されている、「純白のドレス」は王妃としての最期を厳かに演出する、マリー・アントワネットが選んだ、みごとな死装束であったと思われます。最期に臨んで、彼女は王妃の威厳を獲得したと言えるのでしょう。

✖ 5．マリー・アントワネットの指輪

ジュエリー好きの王妃

ツワイクはマリー・アントワネットを大のジュエリー好きとして描きました。実際にはそれほどでもなかったようですが、彼女の生活のもっとも華やいでいた時期のことを、ツワイクは次のように記しています。マリー・アントワネットの朝の関心事は第1に衣裳、第2に髪型、そして、第3がアクセサリーであったという文章です。

> 第三の気がかり、それ相応の装身具がなかったら、毎日変わった服装ができるかしら？　できません。女王様というものは誰よりも大きいダイヤ、大きい真珠が必要です。彼女は義弟妃殿下や、宮廷の貴婦人たちに負けないだけの、指輪、腕輪、環状頭飾、髪飾り、宝石、靴の締金、フラゴナールによって彩られた扇子にふさわしい宝石の飾り縁が必要だ。もちろん彼女はウィーンからたくさんのダイヤを持ってきていたし、ルイ15世からも結婚のお祝いに、内輪の装身具をいれた小箱をもらった。しかし、いつも新しい、より美しく、より高価な宝石が買えないようでは、なんのための王妃であろう？（同書，158-159頁）

ツワイクの作品のなかで、このようなマリー・アントワネットの装身具狂い

は国家の多額の借金を生むようになり、さらに彼女にとって不名誉な首飾り事件を引き起こすことにもなるのですが、王妃は再三にわたる母マリア・テレサからの忠告には耳を傾けず、新奇で高価なジュエリーに目がなかったと記されています。

図15-9 マリー・アントワネットの遺髪が納められたメモリアル・リング、1820年頃（『指輪：愛の扉をひらく』箱根ガラスの森美術館、2008年、p. 73より）＊バンドの周りには白いエナメルで忘れな草の花が散らされている。マリー・アントワネットの姪、マリー・アメリー（フランス王ルイ・フィリップの妃）が所有したもの。

しかし、彼女の人生のなかで、もっとも重みがあり、重要な意味をもったジュエリーは、恋人フェルセンからもらった指輪、ただひとつであったかもしれません。この話をする前に、指輪のエピソードをひとつ簡単に記しておこうと思います。

印章としての指輪

古来、王の指輪というものは非常に大きな権力をもつものでした。王の指輪は、それ自体が王の認印になっているもので、これを、大事な書簡などの印鑑として利用することがあるからで、大切に王の後継者に引き継がれていくか、権力の乱用を避けるために、一代限りで壊されることもあるものでした。指輪というものは、現代の私たちが思っている以上に大きな力を持つものでした。

ルイ16世が処刑された後、王の形見の指輪は、やはりその秘めたる力に怖れをなしたものなのか、没収され封印されてしまいます。

> 処刑直前ルイ16世は従僕の手を通じて、家族の者に形見として、彼の認印指輪とひと房の頭髪を渡そうと欲したのであったが、コンミューンの委員たちは、この死の浄めを受けた者の贈り物のかげにさえ、なお一種の神秘的な陰謀のしるしを見てとって、この遺品を没収して封印していたのであった。（同書、237頁）

王の権力が宿る指輪と一緒に、髪の毛を残そうとしたのは、これはひとつの愛情のしるしと受け取っていいと思われます。マリー・アントワネットの生き

第15章 服飾が語るロココの女王：ツワイク『マリー・アントワネット』　　147

た時代、そしてその後も、長い間、愛情のしるしとしての形見に髪の毛があり
ました。それを、ロケットのなかに大事にしまっていたり、あるいは、指輪の
なかに愛する故人の大事な遺品として髪の毛を閉じ込めて、常に身に着けると
いうことがよくあったからなのです。マリー・アントワネットの遺品として
も、そのような指輪が残されています（図15-9）。

フェルセンとの愛

　指輪は、王のものであるならば、王権の象徴になりますが、しかし、個人の
ものとしては、今も昔も愛情のしるしであることは間違いありません。マリ
ー・アントワネットにとっては、おそらく、夫であるルイ16世の指輪より、恋
人のフェルセンからもらった指輪の方が、なによりも大切なものであったと思
われます。彼女の晩年は、このひとつの指輪を支えに、生きていたようなとこ
ろが見受けられるからです。マリー・アントワネットの愛と悲しみの物語はこ
こに極まった感があります。

> 　マリー・アントワネットは、ブルボン王家の百合花のしるしではなくて（そう
> いう指輪は彼女からフェルセンに送ってある）、フェルセンの紋章を刻した指輪を作っ
> ていた。フェルセンが彼の指に王妃の格言を日ごと見ているように、王妃は彼女
> の指にこの遠く離れている年月を通じて、スウェーデンの貴族の紋章を持ってい
> るのであった。（同書，240頁）

　マリー・アントワネットは、自分がもう助かる当てはないと知ったとき、最
期に密かにフェルセンに宛てた書簡に、この指輪のしるしをつけて送り届けま
した。指輪の刻銘を、熱い蝋に押し付け、このしるしのなかに、彼女のすべて
の思いを込めたのでした。

> 　マリー・アントワネットが特別つくらせたその認印指輪の題銘、いまほどぴっ
> たり当てはまったことのない格言というのは、何を告げているか？　フランスの
> 王妃が身分の低い一スウェーデンの貴人の紋章を刻せしめ、そしてかつての数知
> れない装身具の中からただひとつ、この獄舎においても肌身離さず指につけてい
> る認印指輪の文字とは何であるか？　その格言は、五つのイタリア語からなって
> いる。そして、死の寸前において、かつての日よりも、いよいよ真実であるその

言葉は "Tutto a te mi guida"「なべては我をおんみへ導く」という言葉である。

（同書. 241頁）

　マリー・アントワネットは、この言葉を、フェルセンへの最後の別れの言葉にしたかったのでした。もう自分の命は助からない、しかし、すべてが終わった後にも、魂はあなたのもとに運ばれていく、そのような思いだったのでしょう。死して永遠に結ばれる魂を願うかのような、マリー・アントワネットの、女性としての強く熱い情念を思わせるエピソードです。指輪のしるしに託した、最期の別れを告げる、切実なラブレターでした。

　フェルセンは、マリー・アントワネットの死後、20年近く生き続けます。しかし、ツワイクの作品では、彼自身の望んだ通りに、マリー・アントワネットの命日である6月20日、ストックホルム市庁舎前で、惨殺されたのでした。

第16章
緑のドレスと針仕事
ミッチェル『風と共に去りぬ』

> アメリカ文学の傑作として名高く、ハリウッド映画としても世界的な大ヒットとなった、ミッチェルの『風と共に去りぬ』は、主人公スカーレット・オハラの波乱万丈の人生の物語です。小説にも映画にも、華やかに描き出された19世紀アメリカの服飾文化から、当時の女性の生き方を読み解きます。

1．不朽の名作『風と共に去りぬ』の魅力

　ミッチェルの『風と共に去りぬ』は、周知のように、19世紀アメリカ南部を舞台に、南北戦争という時代背景のなかで、波乱の人生を送ることになった、美しくて勝気な女性スカーレット・オハラの物語です。愛するアシュレをめぐる、自分とは正反対の性格のメラニーとの確執や、強引ではあるけれどスカーレットを理解し深く愛したレット・バトラーとの関係など、壮大な時代背景のなかで繰り広げられる華麗な恋愛ドラマです。映画では、スカーレットを、若くて美貌のヴィヴィアン・リーが演じ、荒々しくも男らしいレット・バトラーをクラーク・ゲーブルが演じ、ふたりとも、小説のイメージにぴったりな役作りで、スカーレットもレットも、ほかの俳優が演じることなど到底想像できないくらいの素晴らしさでした。公開された1939年度に、作品賞、監督賞、最優秀女優賞をはじめ、10部門のアカデミー賞を独占するという快挙をなしとげ、不朽の名作として知られています。

　服飾史を学ぶ者にとっては、アシュレの気を惹くためコルセットで腰を17イ

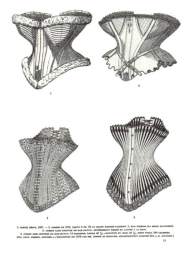

図16-2　19世紀後半のコルセット
(Fernand Libron, Henri Clouzot, *Le Corset dans l'art et les mœurs du XIIIe au XXe siècle*, Athena Press, 1933, p. 97)

図16-2　現在のラ・ペ通り（Rue de la Paix, 2010年夏、筆者撮影）＊現在でもファッションブランドの店舗が立ち並んでいる。

ンチに締め上げるスカーレットの姿や（図16-1）、封鎖破りのレット・バトラーがスカーレットに贈った素敵な帽子が、19世紀パリの流行発信地ラ・ペ通り（図16-2）のお店のものであることや、スカーレットがいつも緑のドレスを着る理由など、実に発見が多い作品です。そしてなによりも、どのような状況でも強く逞しく生きていくスカーレットが、強烈な個性と魅力をはなつ作品になっています。このように、小説としても映画としても不朽の名作として名高い、本作品の主人公、スカーレットの服飾について読み解きます。

2．スカーレットが好んだ緑のドレス

　主人公スカーレット・オハラは、その名がスカーレット（真紅）ですし、炎のように激しい彼女の性格から考えても、イメージとしては、燃えるような赤が似つかわしいのではないかと思われるでしょう。真紅のバラの花の色、ある

第16章　緑のドレスと針仕事：ミッチェル『風と共に去りぬ』　　151

いは燃え盛る炎のような色が、ふさわしいような気がしてしまいます。ところが、スカーレットが一番好んだドレスの色は、緑でした。彼女は自分を美しく見せたいときにはいつも、必ず緑色のドレスを身に着けるのです。たとえば、彼女の恋敵メラニーとアシュレの婚約披露のバーベキュー・パーティの席で、彼女がまさに彼の目を惹きつけるために選んだのは緑のドレスでした。メラニーとすでに婚約が決まっているにもかかわらず、なお、スカーレットはアシュレは自分のことを愛していると思い込み、なんとか彼の気を惹こうと、画策したときの衣裳です。恋する女性らしく、出かける前にあれこれと衣裳を考えるのですが、そのときの様子は次のようでした。

　　どの衣裳が、一番よく彼女の美しさを発揮させ、そしてアシュレを魅了することができるだろうか？　朝の８時からあれこれと着たりぬいだりしたあげく、いま彼女はレースのパンタレットにリンネルのコルセット・カバー、それに大きく三段の波のあるレースとリンネルのペティコートという姿で、途方に暮れ、いらいらしながら立っていた。床や寝台やいすの上にぬぎすてられた衣裳と、あたりにちらばるリボンとが、けんらんたる色彩をはなっていた。[…] しとやかなメラニーのかたわらで、女学生のように見えてはこまるのだ。軽やかな裾かざりがあって、そのかざりの一つ一つに緑のびろうどのリボンがついている緑の格子縞のタフタなら、もっともよく似合うし、目までエメラルドのようにひきたつので、彼女はそれが一番好きだった。だが、胸のところに大きな脂のしみがついていた。もちろん、ブローチで隠せるには隠せるが、ひょっとすると、メラニーは案外するどい目をもっているかもしれない。そのほかのものというと、こんな場合には、ふさわしくない雑食の木綿の衣裳と、舞踏服と、それに昨日着た緑の小枝模様のモスリンの衣裳があるだけだ。しかし、それはアフタヌーン・ドレスで、袖に小さなふくらみがあるだけで、むしろ舞踏服にこそ向くのではないかと思われるほど、襟がローカットすぎ、バーベキュー・パーティにはふさわしくなかった。だが、これを着るよりしかたがなかった。朝のうち首筋や胸や腕を露出するのは作法にはずれるとしても、スカーレットは自分の首や腕や胸を恥じてはいなかった。(ミッチェル『風と共に去りぬ』(一) 大久保康雄・竹内道之助訳，新潮文庫，129-130頁)

ピンクや黒やラヴェンダー色をした、色とりどりの美しいドレスをさんざん

試したうえで、やっぱり自分に一番似合うのは緑のドレスだと思い、緑色のドレスを着ることにします。しかし、最初に選んだ一番好きな緑のドレスにはしみがついているため、断念します。そして、最終的に小説の冒頭でも出てくる「緑の小枝模様のモスリンのドレス」を選びます。これは、アフタヌーン・ドレスなので、昼間着るには、すこし派手過ぎました。現在でもフォーマルドレスでは、昼と夜とではデコルテ（襟）の開き具合に区別がありますが、同様に19世紀の上流社会のお嬢様にとっては、昼間に着るドレスと、夕方以降に着るドレスには厳密に区別がありました。つまり、夕方のドレスならば、大きなデコルテでもかまわないのですが、昼間は首筋や胸を見せてしまうのは、エチケット違反になるのでした。ですから、スカーレットの黒人の乳母のマミーは「だめですだよ。これは朝着る衣裳ではねえですだ。襟も袖もねえだからね。午後の３時前に胸や肩を出す衣裳をきてはいけないちゅうことは、あなただって、よく心得ていなさるはずでねえだか」と彼女をたしなめます。マミーによれば、日光に当たってそばかすだらけになってしまうのは、淑女らしからぬ姿だからでした。しかし、それでもスカーレットは強情を言い張るので、マミーはしぶしぶ、スカーレットに日中、帽子をかぶり、ショールをしっかり羽織っておくようにと言いつけて、送り出します。しかし、もちろん、スカーレットはそんなことは守りません。

どれほどエチケット違反であるとしても、スカーレットは、この昼間には似つかわしくない、すこし派手な緑のドレスが、自分を一番美しく魅せてくれると信じて疑わなかったのでした。そして、実際その通りでしたので、バーベキュー・パーティに参加したアシュレ以外の若い青年たちを、みな虜にしてしまったのでした。

しかし、なぜ、スカーレットは緑色のドレスにこだわったのでしょうか。

✖ 3．瞳の色と衣裳の色

スカーレットが緑のドレスを選んだ理由は、自身の瞳の色と関係があります。引用文にも見られるように、スカーレットは緑色のドレスを着れば、彼女

の美しい碧色の瞳を「エメラルドのようにひきたたせる」と信じていたからこそ、緑色のドレスに執着したのだと考えていいでしょう。日本人の私たちは、ほとんど意識しないことですが、ヨーロッパの人びとは、かなり古い時代から、自分の瞳の色や髪の毛の色を根拠にして、自分の身につける衣裳の色を選ぶものでした。『風と共に去りぬ』のなかでは、スカーレットの髪の毛の色については、あまり記述がありませんが（黒と書かれてはいます）、彼女の瞳がいかに美しい碧色であったかについては、幾度も記されています。ですから、第1に、彼女の瞳の色の美しさを際立たせるために、緑色のドレスをいつも選んでいたと考えられます。瞳の色とドレスの色についての言及は、小説中の至るところに出てきます。エメラルド色の瞳のスカーレットが、緑の服を着たときにもっとも美しく魅力的に見えたのは、レット・バトラーにもよくわかっていました。しかも、もちろん、スカーレット自身もそれをよくわかっているわけです。

　スカーレットが最初の結婚の後、すぐに未亡人になり、喪服の日々が続いて嫌気がさしていたとき、レット・バトラーはパリから素敵な贈り物を持ってやってきました。

　　それから数週間後の、ある晴れた夏の朝、彼がまたあらわれた。手にいきなかざりのついた帽子箱をもっていたが、家の中にスカーレットひとりだと知ると、それをあけた。何枚もの薄葉紙につつんだ新型のボンネットがあらわれると、彼女は思わず「まあ、すてきだわ！」と叫びながら手に取った。新しい衣裳など、手に触れるのはおろか、見ることにさえ飢えていただけに、こんな美しいボンネットはみたことがないと思った。それは淡緑色のタフタで、淡いひすい色の波紋のある裏絹がついていた。あごの下で結ぶリボンの幅は、彼女の手ほども幅が広く、これもやはり淡緑色だった。そして、この帽子のふちをかざるのは美しい緑色のだちょうの羽根だった。「かぶってごらん」とレットは笑いながら言った。彼女は部屋を横切って、鏡の前に立ち、それを頭に軽く載せて、耳飾りが見えるように髪をなであげ、リボンを、あごの下で結んだ。「どう、似合う？」と言いながら彼に見せようと、つま先でくるりと回り、羽根飾りがおどるほど頭を動かした。けれども、彼の目に賞賛の色があらわれるのを見てとるまえに、彼女は自分が美しく見えるのを知った。うっとりするほど、美しく見え、帽子の裏の淡緑

色が彼女の目に濃いエメラルド色のかがやきをあたえていた。「ねえ、レット、このボンネットは、だれにあげるの？　あたし、買いたいわ。もってるだけのお金を、みんなはたいても買いたいわ。」「きみにあげるのさ」と彼は言った。「その緑色の似合う人はほかにいないじゃないか。きみの目の色を、ぼくがおぼえてないとでも思っているのかい？」（同書（二），62-63頁）

　この引用文は、帽子のエピソードになっていますが、小説中、幾度も、緑色の衣裳と彼女の瞳の色の対照は、描かれます。レットが述べているように、緑色の美しい帽子ならずとも、緑色は、エメラルド色の瞳のスカーレットに一番似合う色であり、彼女をもっとも美しく見せる色であったのです。また、この帽子は、先述の通り、パリのオペラ座近くのラ・ペ通りという現在もある高級衣料品店街で買ってきたもので、レット・バトラーが常にパリの最新流行のファッションに詳しかったことを示している場面でもあります。ラ・ペ通りには、パリ・オートクチュールの元祖フレデリック・ウォルトの店舗も並んでいました。このあと、レットは、帽子だけでなく、ドレスを仕立てるための緑色の絹織物も、そのうち買ってくることを、スカーレットにほのめかしています。

✹　4．緑色の象徴：アイルランドの緑

　作者ミッチェルは、スカーレットの瞳の色によく映るからという理由だけで、緑色のドレスをスカーレットに身につけさせていたのでしょうか。長編小説の全編を通じて、ほぼすべてにおいて（喪服を着ている時期もありますが）、スカーレットは緑のドレスを着ているということを考えると、瞳の色との関係だけではない意図が隠されているようにも思われます。緑という色の象徴性もそこには関係しているのではないかということです。

　緑色はヨーロッパでは中世以来、明確な意味を持って用いられてきたようです。徳井淑子氏の『色で読む中世ヨーロッパ』（講談社選書メチエ，2006年）によれば、緑色は、初夏5月の森の木々の色を表しており、それゆえに、人生のサイクルになぞらえれば、青春の色、若さの色であり、恋の色であるといいま

す。当時の色彩感覚を読み解くことのできる貴重な史料『色彩の紋章』（悠書館，2009年）を引いて、中世ヨーロッパにおける緑は、青春、快楽、歓喜、美、愛など、明るいイメージに満ちているというのです。いっぽうで、木々の葉の色と同じように、時の移ろいと共にその色は変化をするので、愛の変わりやすさをも表す両義的な色でもあったといいます。このように考えると、若くて、生命力にあふれ、美しく勝気なスカーレットには、これらのシンボルは、似つかわしいように思われます。

　ミッチェルが緑のシンボルの歴史を意識していたかどうかはわかりません。また、『風と共に去りぬ』は、アメリカ文学ですから、ヨーロッパの伝統とは関係ないと思うかもしれませんが、スカーレットの母親はフランス人という設定ですし、レット・バトラーがしばしばフランスでの流行の品を持ち帰る様子が描かれていることを考えると、ヨーロッパと無関係な物語とは言えません。そして、スカーレットの父親はアイルランド人という設定になっています。

　実は、緑色は、スカーレットの父親の母国であるアイルランドの色でもありました。現在でもアイルランドのナショナルカラーは緑ですので、アイルランドのスポーツ選手のウェアは緑であることが多いようです。たとえばラグビーのユニフォームがそうです。また国旗は、緑と白とオレンジの3色になっていますが、緑がアイルランド国民の祖先であるケルトの色、あるいはカトリックの色を表し、オレンジはオレンジ党員、つまりプロテスタントの色を表し、この2色にはさまれている白色は両者の平和を表すと説明されています。オレンジ党員は歴史的に後から現れたものですから、古くからのアイルランドの色は緑ということになります。これは、アイルランドの豊かな自然、あるいは大地を象徴していると言えるでしょう。

　スカーレットは、その容貌は美しい母親の生き写しでしたが、気性の激しさは父親のジェラルドそっくりでした。ジェラルドはアイルランド人であることに誇りを持ち、自ら所有する土地タラを深く愛していました。彼には「たくましい生活力が、大地への愛着が、野生が」あり、それはスカーレットもまた自覚せずともそのまま引き継いでいました。父もまた碧色の瞳を持ち、彼らの土地タラは「春から夏になると、芝生のバミューダ草やクローバーが、エメラル

156　　第Ⅳ部　フィクション——小説と映画

ドのように輝き」、娘のスカーレットの瞳のことを、「アイルランドの丘のように碧く輝いている」と自慢に思っていました。

『風と共に去りぬ』は、恋愛物語でありながら、大地への賛歌に満ちた物語でもあります。それは、生命力の源であり、スカーレットの強靭な生命力にも重なります。ミッチェルは、アイルランドの大地を思わせる緑、そしてスカーレットの故郷であるタラの緑、その色を、スカーレットにもっとも似合う色として、描いたのだろうと思われるのです。

✖ 5．刺繍をする理想の母

さて、次に視点を変えてみます。ミッチェルの描いた『風と共に去りぬ』の時代、つまり19世紀は、洋の東西を問わず、針仕事は家庭を守る女性のたしなみとして重視されていた時代でもあります。『風と共に去りぬ』は、実はよく読むと、女性の針仕事の文化を描いた作品でもあります。以下では、裁縫という行為に焦点を当てて、この作品を読み解いてみたいと思います。

スカーレットの母エレンはフランス人の血を引いた、「偉大なる貴婦人」として、作品のなかでは一貫して描かれています。アイルランド系のすこし粗野なところもある夫ジェラルドに対し、いつも穏やかに接し、常に一歩引いて夫を立てながらも、実際には、タラ農園の一切を取り仕切っているのは、妻のエレンであり続けました。農園で働く「黒ん坊」たちの世話、家族の身の回りの世話、食事のこと、健康管理、さらには周辺住民の世話に至るまで、エレンは、楚々とした上品なふるまいでありながらも、いつも動じることなく、一切を行っていました。そのような母をスカーレットは心から敬愛していましたし、自分が母のような「偉大なる貴婦人」とは異なる性質の人間であることに、どこか劣等感を抱きながら、母に憧れ続けていたように思います。スカーレットにとって、母は心の支柱でもあり、ひとつの理想の女性でありました。つまり、この時代においての、女性の鑑のように、母エレンは描かれていると思います。

エレンは、いつもどのようなときでも、針仕事をしています。それは次のよ

第16章　緑のドレスと針仕事：ミッチェル『風と共に去りぬ』　157

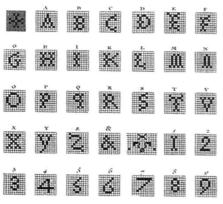

図16-3　18世紀のディドロとダランベール『百科全書』に掲載されているイニシャル刺繡（クロスステッチ）の見本（Diderot & D'Alembert, *L'Encyclopédie, ou Dictionnaire raisonné des sciences, des arts et des métiers*, compact edition, Recueil de Planches, sur les Sciences, les Arts Libéraux, et les Arts Méchaniques, avec leur Explication, volume IV, chez Briasson, Paris, (1762), Readex Microprint Corporation, New York, 1969, Lingère, Suppl. Pl. 4.) ＊このような見本を見ながら、少女たちはクロスステッチの技術を習得したものだった。

うに描写されます。

　スカーレットが思い出しうる限り、母はいつも同じだった。ほめるときでも、その声は、やわらかく美しかったし、ジェラルドのように騒々しい人物を家長とする家のなかで、毎日のように起こる事件にたいしても、けっして騒がずにたくみに処理した。彼女の精神はいつも冷静で、三人のこどもをうしなったときでさえ、すこしも取り乱さなかった。スカーレットは、母が、どんないすに腰をおろすときでも、背中をいすの背にもたせかけるのを見たことがなかった。それからまた、食事のときと、病人を介護するときと、農園の帳簿をつけるとき以外、針仕事を手にしないでやすんでいる母を見たことがなかった。客の前では、きれいな刺繡をするが、そうでないときには、ジェラルドの破れたシャツや、娘たちの衣類や、奴隷たちの着物などをつくろった。金の指ぬきをはめない母の手を想像することはできなかったし、さやさやとなる母の衣擦れの音を聞けば、黒人の小娘を連れて部屋部屋を見回る母の姿を想像せずにはいられなかった。しつけ糸を抜くことと、花梨でつくった裁縫箱をもって夫人のあとにつきしたがうのが任務の黒人の小娘を連れて、エレンは、料理や、掃除や、農園の人たちの着る沢山の衣類の裁縫を監督するため、家じゅうを見て回った。(同書（一）, 70-71頁)

　理想的な良妻賢母であるエレンという人物像が、裁縫をする姿を通して見事に描かれています。主婦たるもの、常に裁縫道具を携え、指貫をはめて、家じゅうの者たちの身の回りの布類の世話をして回るのが責務のようなものであったと思われます。客の前で行う刺繡は、おそらくは家じゅうで使うリネン類

（テーブルクロスやナプキンやシーツなど）に施す美しい刺繍であったでしょうし、あるいは、家人の身に着けるものなどに施す赤糸や青糸のクロスステッチのイニシャル刺繍であったかもしれません（図16-3）。昔は、洗濯を洗濯女に頼んで、戸外の洗濯場でやってもらうために、衣類やハンカチーフ等のリネン類にイニシャル刺繍をするものでした。

　このような刺繍は、19世紀よりももっと前から、女性の大事なたしなみでした。たとえば、18世紀の遺体調書を見ると、女性の所持品には指貫が多く見られました。遺体調書からは、その遺体の所持品までわかります。女性のスカートのポケットには、裁縫道具が入っていることがしばしばであり、往時の女性たちにとって、針仕事はいつ何時でも行うものであったことがうかがわれます。

✄　6．一大決心のカーテンのドレス

　そのような理想の母エレンは南北戦争の最中に、亡くなってしまいます。父ジェラルドは失意のあまり廃人のようになり、戦後の焼け野原のなかで残されたタラの広大な農園は、スカーレットの手にゆだねられました。しかし、膨大な税金が課せられたことから、スカーレットはタラの土地と家族を守るために、一大決心をすることになります。つまり、後には結婚することになりますが、そのときは毛嫌いしていたレット・バトラーから、お金を工面してもらおうとするのです。それは、自分の肉体と引き換えにしてでもいいという大きな決意でした。

　レットの気を惹くために、母の大事にしていた緑色のカーテンを使って、自らドレスを仕立てることにします。家事ばかりか、綿花を摘んで野良仕事をしたりしていたことを、レットには、絶対に悟られたくなかったからでした。カーテンからドレスを作ろうとするシーンは、次のように描写されています。

　　若緑色のびろうどのカーテンが、彼女のほおに、ちくちくとやわらかく触れた。彼女は猫のように気持ちよさそうに顔をカーテンにすりつけた。それから、

第16章　緑のドレスと針仕事：ミッチェル『風と共に去りぬ』　159

とつぜん、カーテンを見上げた。つぎの瞬間、彼女は大理石を張った重い机を、床を横切ってひきずっていた。[…] 彼女はじれて、力任せにひっぱった。とたんに釘が抜けて、カーテンも吊棒も、みんないっしょに床の上に落ちて大きな音をたてた。[…]「エレン奥様の窓かけをどうするだね?」とマミーは詰問するように言った。[…]「さっさと屋根裏へ飛んで行って、ドレスの型紙を入れた箱をもってきてちょうだい」と叫んで、彼女はマミーのからだを、ちょっと押しやった。「新しいドレスをつくるんだから」。(同書(三),219-220頁)

　このあと、オハラ家の黒人頭でありスカーレットの乳母であったマミーと、しばらくの間、押し問答が続きます。マミーからすれば、エレン奥様が大事にしていたカーテンをひきずりおろして、戦後の物資のないときに、それで新しいドレスを作るなどというのは、言語道断の行為でした。けれど、なんとしてでも、このカーテンで新しいドレスを作らなきゃいけない、マミーは知らないかもしれないけれど(実は知ってはいましたが)大変な税金がかけられてしまったのだし、とスカーレットは食い下がります。マミーは、こんなご時世に新しいドレスを作ってお金を借りに行くなど、まともなことだと思わない、と決めつけます。スカーレットはすっかり腹を立ててしまいますが、急にマミーは態度を変えて、次のように言いました。

　　「お手伝いしますだ」とマミーは今度はスカーレットのほうでこれは変だと疑いを起こしたほど、突然折れて出た。「お手伝いしますだ。それから、その窓かけの繻子の裏でペティコートを作り、レースのカーテンでパンタレットをつくることにしたら、どうですかの?」(同書(三),223頁)

　こうして、結局、マミーも手伝うことになり、カーテンからドレスを作ることになりました。ここで興味深いのは、ドレスの型紙を箱に入れて、屋根裏にしまっていることが、当然のこととして描かれていることです。当時、家庭で、自分の型紙を使って(それを大切に個別に保管していて)、服作りをしていたことが想像されるシーンです。19世紀に量産されたモード雑誌には流行のドレスの型紙が付録として挟まれていることが多くありましたので、そのようなものが残されていたのかもしれません。そして、美しく気品のあった母エレンとは

160　　第Ⅳ部　フィクション──小説と映画

正反対の性格であったお転婆娘のスカーレットでさえ、女性のたしなみとしての裁縫は、ひと通り身につけていたことがうかがえます。この時代の女性としては、並外れて自立心が強く、後には製材所を運営するまでになる女性ではありましたが、女性としてのふるまいはしっかりと母とマミーから教育されており、そういうなかで、裁縫も人並みの技術は持ち合わせていた人物として、描かれているのです。

　スカーレットの緑のカーテンのドレスは、母エレンが日々細やかに行っていた針仕事とは異なり、一念発起して、自分の、そして家族とタラ農園の運命を賭ける覚悟で行った大仕事でした。女として、最大限の人生に対する挑戦であり、生き延びていくための挑戦であったとも言えます。このような類の針仕事は、めったにあるものではないかもしれませんが、人生の一大事を成し遂げるために、新しい服を準備するということはあるように思います。衣服を仕立てる行為が、人にもたらす力を感じます。

✖　7．戦時中の針仕事：愛を込める針仕事

　南北戦争の最中、残されていく女たちは、針仕事をして、戦地の夫を支えていました。こまごまとした手芸品をすこしずつ作り、バザーに出して、少額のお金を作ったりしていました。戦地に夫や恋人を送るときには、手製の衣類をもたせていますし、夫や恋人の留守を守っている間には、彼らが帰ってきたときのために、あたたかく着心地の良い衣服をちくちくと作りながら待ち続けていました。戦時中の女性たちの針仕事は、平時以上に大切な人のために愛を込めるものになっていたのでしょう。むしろ、祈りにも似た行為であったと言えるかもしれません。

　スカーレットが恋していたアシュレも、身重の妻メラニーを残して戦争に行きました。メラニーは、クリスマス休暇のひととき、軍隊から戻ってくる夫のために、暖かいグレーの布地で上着を作っていました。自分で仕立てたものではありませんでしたが、夫を思い、心を込めて準備していたものでした。メラニーはアシュレが戻ってきたときに、次のように言います。

アシュレったら、ずいぶんひどい軍服を着ているわ。わたしが、苦心してつくった上着をあげたら、きっとびっくりすると思うわ。乗馬ズボンをつくるだけの布があるといいんだけれど。(『風と共に去りぬ』(二), 105頁)

　この上着はスカーレットにとっては、悲しみのたねになっていました。本当は自分が贈ってあげたかったからです。そこで、メラニーのように、表立って贈り物をすることはできなくても、なにか心の込もったもの、アシュレが身につけてくれるようなものを贈りたいと散々に心を悩ませます。そうして、思いついたのが、腰のベルトに巻いてもらうサッシュでした。次のように描写されています。

　「ねえ、アシュレ、あたしも贈り物があるのよ」ついにそれを贈る機会がきたので、すこし恥らいながら包みをひらいた。それは、厚い中国絹でつくられ、重い房の垂れた長い黄色のサッシュだった。数か月前に、レット・バトラーは、彼女にハヴァナから黄色のショールを持ってきてくれた。真紅と青で花鳥の刺繍をした、はでなショールだった。この一週間の間、彼女は丹念にそのショールの刺繍をほぐして、絹を長方形に切り取り、それをサッシュの長さに縫い合わせた。「スカーレット、これはすばらしい。きみが自分で作ってくれたんだね？」[…]彼女は、彼のすんなりした腰のベルトの上にサッシュをまいて、両端を恋結びにむすんだ。メラニーは新しい上着を贈ったが、このサッシュは自分の贈り物なのだ。彼が戦場でこれを見るたびに、自分を思い出してくれるようにと心をこめて作った秘密の贈り物なのだ。(『風と共に去りぬ』(二), 113頁)

　スカーレットは恋しい気持ちを込めて、アシュレが無事に帰ってくることも願って、サッシュを恋結びに結んで、アシュレを送り出そうとしました。妻であるメラニーはもちろんのこと、スカーレットも、どちらの女性も、戦地に赴く愛する人のために、針仕事にいそしんだのでした。手作りの贈り物をすることで、戦地においても、それが自分の身代わりになって、彼を守ってくれると信じているかのようでした。

✂ 8．ハンドメイドの価値

　『風と共に去りぬ』は、南北戦争の動乱の時期をたくましく生き抜いた、スカーレット・オハラという強烈な個性の女性の物語です。スカーレットは強く自立した女性ではありましたが、古き良き時代の価値観に基づく女性観から、逸脱し過ぎることはなかったように思います。母エレンとは対極にある性格ではあったかもしれませんが、淑女のたしなみとして裁縫の技術を身につけており、ただ、技術として習得しているだけではなく、大事な局面でそれを生かすすべも心得ていました。そして、なにより、大切な人のためには、けなげに惜しげもなく時間をかけて、針仕事をすることのできる女性でした。

　私たちの生きる現代は、安価で安易に衣服を手に入れることのできる時代です。簡単に手に入れたものは、捨ててしまうことも容易です。でも、そういう時代だからこそ、布にひと針ひと針さして、時間をつむいでいくことが、価値あるものに思えるのではないかと思います。昨今、リメイクであったり、ハンドメイドをしたりすることが、ひそかなブームになっているのは、針仕事が、自分自身と向き合ったり、大切な人を思ったり、思いを伝えていくことに通じるのを、遠い過去の記憶をたよりに、女性は誰もが知っているからなのかもしれません。

参 考 文 献

◆史　料
1. 古文書
Procès-verbaux de levée de cadavre, Archives départementales du Rhône, sous-série [2B],
(justices seigneuriales du Lyonnais) 2B1〜2B495; sous-série [11G] (chapitre Saint-Martin-d'Ainay):
11G313, 11G314; sous-série [12G] (chapitre Saint-Just-de-Lyon): 12G419; sous-série [1H] (abbaye de
Savigny): 1H223; sous-série [27H] (abbaye de Saint-Pierre-Les-Nonnains à Lyon): 27H567; sous-
série [50H] (Confréries): 50H51. sous-série [4B] (justices seigneuriales du Beaujolais): 4B6-4B280.

2. 礼儀作法書
COURTIN, Antoine de, *Nouveau traité de la civilité qui se pratique en France parmi les honnêtes*
gens, (1671), Saint-Étienne, Publications de l'Université de Saint-Étienne, 1998.
COURTIN, Antoine de, *Traité de la civilité, nouvellement dressé d'une manière exacte & méthodique*
& suivant les règles de l'usage vivant, Lyon, 1681.
LA SALLE, Jean-Baptiste de, *Les Règles de la bienséance et la civilité chrétienne*, (1703), in *La*
bienséance la civilité et la politesse enseignées aux enfants, textes réunis et présentés par Jean-
Pierre Seguin, Paris-Bruxelles, Jean Michel Place Le Cri, 1992.
RAMEAU, Pierre, *Le Maître à danser, Qui enseigne la maniere de faire tous les differens pas de*
Danse ... , (1725), New York, Broude, 1967.
SOREL, Charles, *Les lois de la galanterie*, (1644), in *Le Trésor des pieces rares ou inédites.-Extrait*
du Nouveau recueil des pieces les plus agreables de ce temps, réédité par Ludovic Lalanne, Paris,
A. Aubry, 1855.
カスティリオーネ『カスティリオーネ宮廷人』清水純一他訳、東海大学古典叢書、1987

3. 文学作品等
Dialogue *du masque et des gands*, in *Les entretiens galans d'Aristipe et d'Axiane* ... , Paris, Claude
Barbin, 1664.
La faiseuse de mouche, 1650.
ボーマルシェ『フィガロの結婚』辰野隆訳、岩波書店、1952
バルザック『風俗研究』山田登世子訳、藤原書店、1992
フローベール『フローベール全集１：ボヴァリー夫人』伊吹武彦訳、筑摩書房、1965
ラファイエット夫人『クレーヴの奥方』青柳瑞穂訳、新潮文庫、1956
マリヴォー『新マリヴォー戯曲集Ⅰ』井村順一・佐藤実枝・鈴木康司訳、大修館書店、1989
ルイ＝セバスチャン・メルシエ『18世紀パリ生活誌：タブロー・ド・パリ』（上）原宏編訳、岩波書
　　店、1989
ミッチェル『風と共に去りぬ』（全５巻）大久保康雄・竹内道之助訳、新潮文庫、1977
モリエール『モリエール全集』（全10巻）秋山伸子訳、臨川書店、2000
ロスタン，エドモン『シラノ・ド・ベルジュラック』辰野隆・鈴木信太郎訳、岩波書店、1994
ルソー『告白』（上・中・下）桑原武夫訳、岩波文庫、1997
シェイクスピア『ロミオとジュリエット』松岡和子訳、ちくま文庫、1996
スウィフト『ガリバー旅行記』原民喜訳、講談社、1995
ツワイク，シュテファン『マリー・アントワネット』（上・下）高橋禎二・秋山英夫訳、岩波書店、
　　1980
福澤諭吉『福澤全集』巻２、時事新報社、1898
二葉亭四迷『浮雲』日本近代文学館、1970

4．そのほか

DIDEROT & D'ALEMBERT, *Encyclopédie, ou Dictionnaire raisonné des sciences, des arts et des métiers*, (Paris, 1751-1780), Stuttgart, Friederich Frommann Verlag, 1966.

GARSAULT, M. de, *L'Art de la Lingere*, Paris, L. F. Delatour, 1771.

PALATINE, Charlotte-Elisabeth Orléans Princesse, *Correspondance complète de Madame Duchesse d'Orléans née Princesse Palatine, mère du Régent*, traduction entièrement nouvelle par M. G. Brunet, Paris, Charpentier, 1855.

PLUVINEL, Antoine de, *Le Manège Royal*, preface du general Pierre Durand, (1624), Paris, Claude Tchou pour la bibliotheque des Introuvables, 2004.

VAUBLANC, Comte de, *Mémoires de M. le Comte de Vaublanc*, Paris, Firmin Didot Frères, 1857.

チャップリン，チャールズ『チャップリン自伝』中野好夫訳，新潮社，1981

◆研究文献

BLUCHE, François & SOLNON, Jean-François, *La véritable hiérarchie sociale de l'ancienne France, le tarif de la première capitation* (1695), Genève, Droz, 1983.

DELPIERRE, Madeleine, *Se vêtir au XVIIIe siècle*, Paris, Adam Biro, 1996.

DONVILLE, Louise Godard de, *Signification de la Mode sous Louis XIII*, Aix-en-Provence, Edisud, 1978.

FRANKLIN, Alfred, *La vie privée d'autrefois, arts et métiers, mode, mœurs, usages des Parisiens du XIIe au XVIIIe siècle, d'après des documents originaux ou inédits, Les magasins de nouveautés, 1~4*, Paris, Librairie Plon, 1894, 1895, 1896, 1898.

GAUBARD, Claude, *Crime, état et société en France à la fin du Moyen Age*, vol. 2, Paris, Publication de la Sorbonne, 1991.

LE GOFF, Jacques, «Codes vestimentaire et alimentaire dans Érec et Énide», in *L'imaginaire médiéval*, Paris, Gallimard, 1985.

MONTANDON, Alain (sous la direction d'), *Bibliographie des Traités de savoir-vivre en Europe du moyen âge à nos jours, 1 : France-Angleterre-Allemagene*, Clermond-Ferrand, Association des publications de la Faculté des Lettres et Sciences humaines, Université Blaise-Pascal, 1995.

ROCHE, Daniel, *La culture des apparences, une histoire du vêtement XVIIe-XVIIIe siècle*, Paris, Fayard, 1989.

ROCHE, D., «L'invention du linge au XVIIIe siècle», in *Ethnologie française, Linge de corps et linge de maison*, t. 16, no. 3, 1986.

SONENCHER, Michael, *The Hatters of Eighteenth-Century France*, Berkeley, University of California Press, 1987.

VIGARELLO, George, *Le corps redressé, Histoire d'un pouvoir pédagogique*, Paris, Jean-Pierre Delarge, 1978.

ボーサン，フィリップ『ヴェルサイユの詩学：バロックとは何か』藤井康生訳，平凡社，1986

ベルセ，イヴ・マリー『真実のルイ14世：神話から歴史へ』阿河雄二郎他訳，昭和堂，2008

ボローニュ，ジャン・クロード『羞恥の歴史：人はなぜ性器を隠すか』大矢タカヤス訳，筑摩書房，1994

シャルチエ，ロジェ『読書と読者：アンシャン・レジーム期フランスにおける』長谷川輝夫・宮下志郎訳，みすず書房，1994

コルバン，A. J-J・クルティーヌ，G. ヴィガレロ編『身体の歴史』（全3巻）小倉孝誠・鷲見洋一・岑村傑訳、藤原書店、2010

コルバン，アラン『においの歴史：嗅覚と社会的想像力』山田登世子・鹿島茂訳、藤原書店、1990

ダーントン，ロバート『禁じられたベストセラー：革命前のフランス人は何を読んでいたか』近藤朱蔵訳、新曜社、2005

G. デュビイ，M. ペロー監修『女の歴史 3：16-18世紀 1』杉村和子・志賀亮一監訳、藤原書店、1995

エリアス，ノルベルト『文明化の過程（上）：ヨーロッパ上流階層の風俗の変遷』赤井慧爾・中村元保・吉田正勝訳、法政大学出版局、1977

エリアス，ノルベルト『宮廷社会』波田節夫・中野芳之・吉田正勝訳、法政大学出版局、1981

ゴンクール，エドモン・ド，ド・ゴンクール，ジュール『ゴンクール兄弟の見た18世紀の女性』鈴木豊訳、平凡社、1994

ハント，リン編著『ポルノグラフィの発明：猥褻と近代の起源：1500年から1800年へ』正岡和恵・末廣幹・吉原ゆかり訳、ありな書房、2002

ミュシャンブレ，ロベール『近代人の誕生：フランス民衆社会と習俗の文明化』石井洋二郎訳、筑摩書房、1992

クライン＝ルブール，F. 著、ロレンツ，ポール監修『[新装版] パリ職業づくし：中世から近代までの庶民生活誌』北澤真木訳、論創社、1998

クラーツ，アン『レース：歴史とデザイン』深井晃子訳、平凡社、1989

ペロー，フィリップ『衣服のアルケオロジー：服装から見た19世紀フランス社会の差異構造』大矢タカヤス訳、文化出版局、1985

スミス，ヴァージニア『清潔の歴史：美・健康・衛生』鈴木実佳訳、東洋書林、2010

ゾンバルト，ヴェルナー『恋愛と贅沢と資本主義』金森誠也訳、論創社、1987

ヴェブレン，ソースタイン『有閑階級の理論』小原敬士訳、岩波書店、1961

ヴェルディエ，イヴォンヌ『女のフィジオロジー：洗濯女・裁縫女・料理女』大野朗子訳、新評論、1985

ヴィガレロ，ジョルジュ『清潔になる私：身体管理の文化誌』見市雅俊監訳、同文館、1994

石井美樹子『マリー・アントワネット：ファッションで世界を変えた女』河出書房新社、2014

内村理奈『モードの身体史：近世フランスの服飾にみる清潔・ふるまい・逸脱の文化』悠書館、2013

徳井淑子『色で読む中世ヨーロッパ』講談社、2006

深井晃子『ジャポニスム・イン・ファッション：海を渡ったキモノ』平凡社、1994

鷲田清一・野村雅一編『叢書身体と文化 1：技術としての身体』『叢書身体と文化 2：コミュニケーションとしての身体』『叢書身体と文化 3：表象としての身体』大修館書店、2005

駒城素子・生野晴美・中島利誠「市販蛍光増白綿布の増白度と青み付け」『日本家政学会誌』vol. 44, no. 12, 1993

芹生尚子「帽子をめぐる暴力：アンシャン・レジーム末期バ＝ラングドック地方における「民衆心性」」『思想』877号、岩波書店、1997

増田都希「十八世紀フランスにおける「交際社会」の確立：十八世紀フランスの処世術論」一橋大学大学院、博士学位論文、2007

索　　　引

人名索引

あ　行

アシュレ　150, 152, 161, 162
アダム　127, 129
アメリー，マリー　147
アラン　60
アルノルフ　60
アルマーニ　117
アントワネット，マリー　37, 38, 134〜149
イヴ　127, 129
イザベル　81
ヴァトー，アントワーヌ　125
ヴァランティノワ夫人　113
ヴォーブラン伯爵　30
ウォルト，フレデリック　155
ヴォワチュール　112
エラスムス　67
エリアス，ノルベルト　51, 91
エルガスト　81
エレン　157〜161
オーティエ，レオナール　135, 136

か　行

カスティリオーネ　17, 67
ガリアーノ，ジョン　38, 117
ガリバー　49
ガルソー　137, 138
ギーズ公　113
キランボワ　55
クールベ，ギュスターヴ　54, 55
クルタン，アントワーヌ・ド　15, 51, 52, 87, 88,
　　91, 104
クレーヴ夫人　113, 114
ゲーブル，クラーク　150
コイシルス，ヤン　24
ゴーヴァール，クロード　45
ゴッホ　117
コルビオ，ジェラール　67
ゴンクール兄弟　126, 129

さ　行

サント・バレ　113
シェイクスピア　43, 65
ジェラルド　156〜159
シャネル，ガブリエル　124
シャルチェ，ロジェ　82
ジャンリス夫人　103
ジュールダン氏　59, 60, 66, 70, 82, 118, 119
シュザンヌ　103
ジュリー　112
ジュリエット　65
シラノ（・ド・ベルジュラック）　46, 47, 103
スウィフト，ジョナサン　49
スカーレット，オハラ　150〜163
スガナレル　81
スカロン　103, 106
セラドン　111
ソタンヴィル氏　61
ソレル，シャルル　19, 21, 23, 30, 96, 108〜110

た　行

ダートントン，ロバート　130
ダランベール　30, 34, 158
ダンダン，ジョルジュ　61
チャップリン，チャールズ　64
ツワイク，シュテファン　134, 139, 141, 145, 146,
　　149
ディートリッヒ，マレーネ　44
ディオール，クリスチャン　38, 117
ティソ，ジェームズ　121
ディドロ　30, 34, 37, 158
デュパン夫人　129
デュマ，アレクサンドル　46
デュラン，ジョセフ　35
デュルフェ，オノレ　110
テレサ，マリア　137, 139, 147
徳井淑子　155
ドラント　59〜63
ドン・ジュアン　109

な　行

ナポレオン　97
ヌムール公　113, 114

は　行

バトラー，レット　150, 151, 154〜156, 159, 162
パラティヌ皇女　126, 128, 129
バルザック　20
ハント，リン　130
ピエロ　109
フィガロ　103, 135, 136
フェラール公　113
フェルセン　141, 147〜149
福澤諭吉　121
二葉亭四迷　50
ブデ，クロード　35
フュルチエール　103
フラゴナール　146
ブリュイヤス，アルフレッド　55
ブリュヴィネル　69
ブレーズ　61, 63
フローベール　57
ベルタン，ローズ　135
ペロー，シャルル　46
ヘンリー8世　16
ボヴァリー，シャルル　57, 58
ボヴァリー夫人　57
ボーサン，フィリップ　82
ボーシャン，シャルル・ルイ　71
ボーマルシェ　103, 136
ホルバイン，ハンス　16
ボワトゥヴァン　36

ま　行

マキューシオ　65, 72
マグリット，ルネ　42, 43
マミー　153, 160
マリヴォー　61
ミッチェル　150, 155〜157
メラニー　150, 152, 161, 162
メルシエ，ルイ・セバスティアン　31, 45
モネ　117
モリエール　59〜61, 66, 67, 81, 82, 109, 118
モンテスパン夫人　128, 129

ら　行

ラ・サル，ジャン・バティスト・ド　51, 52, 88, 89, 92, 126〜128
ラ・フォンテーヌ　47
ラクロワ，クリスチャン　106

ラファイエット夫人　113
ラモー　69〜81
ラランヌ，ルドヴィック　20
ラルズニュール　136
ランブイエ侯爵夫人　110, 112
リー，ヴィヴィアン　150
リキエル，ソニア　124
リゼット　61, 62
リトレ　120
リポマノ，ジェローム　103
リュリ　67
ル・ペルシェ　68
ルイ14世　15, 16, 67, 68, 71, 125, 140
ルイ15世　146
ルイ16世　139, 141, 142, 147, 148
ルイ王太子　139
ルソー，ジャン・ジャック　36, 129, 130, 143
ルノワール　117, 120, 121
ルブラン，ヴィジェ　37, 144
ロクサーヌ　47, 103
ロザリンド　43
ロスタン，エドモン　46, 103
ロミオ　65, 68, 72
ロンギ，ピエトロ　98

地名索引

あ　行

アイルランド　155〜157
アメリカ　150, 156
イギリス　16, 43, 65, 112
イタリア　148
インド　30, 118, 119
ヴェネチア　17, 37, 97, 98, 105
ヴェルサイユ　53, 134, 136, 141〜143
オーストリア　137, 138
オランダ　29, 30

か　行

ギリシャ　38

さ　行

ジェノバ　17
小アンティル島　27
スウェーデン　141, 148
ストックホルム　149

スペイン　70

た　行
中国　162
ドーヴィル　124

な　行
西インド諸島　30
日本　12, 14, 38, 50, 116〜118, 121, 122

は　行
ハヴァナ　162
パリ　14, 19, 25, 30, 31, 36, 43, 87, 95, 96, 108〜
　110, 116〜118, 138, 139, 151, 154, 155
ハリウッド　44, 150
フランス　3, 13〜15, 19, 25, 27, 29, 31, 43, 51, 54,
　55, 59, 65〜68, 72, 74, 81〜82, 85, 95〜98, 103
　〜108, 111〜113, 116, 117, 136〜142, 156, 157
プロイセン　135
ベルギー　42, 137
ペルシャ　118
ボジョレ　26, 27, 29, 44
ボルドー　30

ま　行
マリーヌ　137
マルセイユ　25
ミラノ　17
モンペリエ　54

や　行
ヨーロッパ　2, 3, 13, 25, 30, 38, 41, 43, 45, 46, 50,
　56, 67, 74, 82, 87, 118〜122, 134, 154〜156

ら　行
リヨン　25〜29, 33, 35, 44, 138
ローマ　38
ロンドン　117

事項索引

あ　行
挨拶　55, 65〜82, 90, 104
青　22, 26, 47, 49, 143, 159, 162
　——み付け　30
青緑　111

赤　26, 111, 113, 119, 159
顎　22
麻　27〜36
足（脚）　26, 49, 69〜72, 77〜79, 93
頭　20, 26, 45〜47, 60, 69, 75, 76, 104, 107, 109,
　135, 136, 154
アフタヌーン・ドレス　152, 153
亜麻（布）　27〜30, 36, 39, 98, 137, 139
アンディエンヌ　118　→「更紗」も見よ
医学　16
異国趣味　116, 118, 120〜123
遺体調書　25〜29, 33〜35, 44, 159
医療　15, 20
色　17, 23, 34〜36, 39, 41, 102, 109〜115, 120, 151
　〜155
印象派　117, 118, 121
ヴァトー・プリーツ（ローブ）　120, 125, 128
ヴェスト　26
ウェディングドレス　39
腕　70, 75, 76, 90, 129, 152
映画　44, 64, 133, 150, 151
衛生（的）　13, 20, 39, 91
エギュイエット　110
エチケット　5, 24, 38, 49〜52, 85〜88, 91, 94〜98,
　104〜108, 115, 116, 120〜125, 129, 131, 153
　→「作法」「礼儀作法」「礼儀」も見よ
襟飾り　15, 16, 27, 94, 138
エロティシズム　130
エンパイア・スタイル　38
男　5, 21, 23, 26, 27, 41〜51, 55, 62, 65, 72, 74, 80,
　82, 90, 98, 100〜110, 115〜120, 124
オランダ亜麻布　30, 31, 36
オレンジ　156
音楽　119
女　5, 21, 23, 24, 27, 41〜45, 51, 89, 94, 98, 100
　〜108, 115〜120, 124, 128〜130, 162

か　行
快適さ　125〜129
快楽　127, 130, 156
雅宴画（フェット・ギャラント）　143
顔　20, 49〜51, 57, 76, 92, 99, 101〜106
肩　94, 153
肩掛け　94, 134, 138
かつら　67, 109
カノン　16

カフス　15, 138
髪　20, 26, 43, 121, 135, 136, 145〜148
髪粉　20
仮面（マスク）　51, 88, 97〜106
体（身体）　12, 15〜20, 36, 45, 65〜69, 71, 74, 75,
　　80〜82, 91, 95, 97, 105, 108, 131　→「肉体」
　　も見よ
川上貞奴　118
感覚　4, 11, 20, 24, 39, 43, 50, 127
感性　4, 18, 48, 51
簡素　38, 143, 146
官能性　130
黄色　31, 34, 113, 114, 162
木靴　26, 35, 93
喜劇　57〜66, 136, 143
気品　80
着物　116〜118, 121, 145, 158
キモノ・サダヤッコ　118
ギャラン　21, 23, 108, 109, 115
ギャラントム　108, 109
ギャラントリー　19〜24, 96, 108〜110, 115
キュロット　26, 35, 109
切り口装飾　16, 39, 93
金（色）　69, 109
銀色　34, 69, 109
金髪　114
鎖帷子　38
口　22, 23, 99
唇　23
靴　35, 51, 64, 67, 71, 88, 93, 107, 109, 138, 145, 146
靴下　51, 88, 92, 93
首　51, 93, 94, 109, 152, 153
グラース（grace）　79, 80, 82
クラヴァット　51, 88, 93, 94
栗色　26
黒　17, 18, 24, 39, 51, 98〜106, 113, 114, 120, 145,
　　152, 154
黒いリボン　20, 21, 24, 39
ゲートル　26, 28
化粧着　120, 128, 129, 138
化粧品　12, 21, 23
健康　14
恋（心）　23, 108, 112〜115, 141, 152, 155, 161
　　→「恋愛」も見よ
恋人　22, 23, 47, 111〜115, 147, 148, 161
行動様式　51, 82

コート　91
国王の親裁座　53
腰　72, 77, 162
小袖　38, 118, 121
コミュニケーション　5, 77, 85〜87, 91, 92, 104
　　〜108
こめかみ　22
コルセット　118, 134, 150〜152

さ 行

裁縫　157〜163
作法　52, 53, 58〜62, 66, 81, 90, 94, 130, 152　→
　　「エチケット」「礼儀」「礼儀作法」も見よ
作法書　15, 19, 37, 51, 52, 62, 63, 67, 70, 74, 75, 89
　　〜96, 104, 126, 128, 129
更紗　118, 119　→「アンディエンヌ」も見よ
サロン　19, 108, 110, 112
ジーンズ　16, 117
ジェストコール　35
ジェンダー　4, 5, 41
刺繍　26, 89, 157〜159, 162
下着　26〜39, 93, 124, 134, 137, 139, 140, 144, 145
室内着　128
室内履き　128
ジャージー・スーツ　124
社交界　19, 80, 108, 110, 111
奢侈禁止令　17
写実主義　55, 57
シャツ　12, 27, 28, 31, 37, 39, 158
ジャポニスム　117, 118, 121
シャモワーズ　118
シュールレアリスム　42
ジュストコール　72, 73, 94
シュミーズ（chemise）　15, 27, 28, 37, 38, 51, 88,
　　93, 128, 137〜141
シュミーズ・ドレス　37, 38, 141〜144
小説　50, 57, 133, 150, 151, 155
肖像画　16, 37, 91, 125, 144
上品　79, 80
ショール　162
女性　→女
シルクハット　42, 44
白（さ）　4，11, 12, 16, 18〜21, 24, 26〜39, 94,
　　98, 101, 102, 105, 113, 138〜146, 156
白い下着（linge blanc）16〜20, 25, 27〜31, 35
　　〜38, 93, 137

白い肌　→肌の白さ
白いリネン　18, 137, 138
白無垢　39
真紅　151, 162
心臓　45
身体　→体
身体感覚　4, 11
シンボル　12, 37, 156
ストッキング　134, 138
素肌　100
スポーツウェア　125
ズボン　44, 64, 65, 162
清潔（感）　4, 11〜20, 24〜39, 108, 145
性差　41, 42, 47
青磁色　111
贅沢　118, 119, 135, 137
赤褐色　33〜35
　　──の下着　35, 36
洗濯　12, 26, 30〜33, 36〜39, 159
洗濯女　30, 31, 143, 159
装飾　14〜17, 21, 25, 44, 89, 100, 103, 107, 108,
　　113, 120, 143

た 行
脱帽　49〜56, 60, 82, 91, 105
淡紅色　21
ダンス　66〜80, 82, 118, 119
男性　→男
男装　43, 44
淡緑色　154
茶色　34, 35
つけぼくろ（mouche）　19〜24, 100, 102
手　20〜24, 49, 69, 74〜78, 81, 89〜93, 101〜104,
　　109
Ｔシャツ　86, 116
デサビエ　120, 128
手袋　21, 24, 51, 52, 88〜90, 100, 134
トリコルヌ（三角帽）　70, 73
ドレス　3, 43, 126, 141, 144〜146, 150〜154, 159,
　　160
トワル　28, 29

な 行
ナイトキャップ　57, 70, 128
肉体　67, 138, 159　→「体（身体）」も見よ
入浴　15, 16, 35, 36

ネオ・ジャポニスム　116, 117, 123
ネクタイ　93
ネグリジェ　120, 128

は 行
灰色　26, 34
履物　44
白衣　39
肌　19〜24, 27, 39, 51, 94, 101, 105, 121, 148
肌の白さ　21〜25
鼻　22, 23, 91, 99, 100
バニヤン　118
羽根飾り　46, 47, 69, 154
パリ・オートクチュール・コレクション　86,
　　106, 117
パリ・コレクション　38
針仕事　150, 157〜163
バレエ　66, 67, 71
ハンカチーフ　15, 26, 51, 88, 91〜94, 140, 159
緋　113
膝　109
膝飾り　16
額　22, 23, 102
瞳　153〜157
火の色　111
皮膚　20
表象　5
漂白　25, 28〜38
品格　60, 74, 82
ピンク　39, 117, 125, 152
ファヴール　112, 115
ファッション誌　17
フィクション　5, 133
プールポワン　38
フェンシング　68〜70, 82
服飾　53
服飾規範　→服装規範
服飾版画（ファッション・プレート）　87, 94
服装規範　86〜92, 95, 96, 125
不潔　13, 39
プリーツ　126
ふるまい　41, 48〜50, 57〜60, 64〜67, 80, 82, 129,
　　157, 161
風呂　13, 15, 20, 35, 36
フロックコート　50
プロプルテ（propreté）　13〜15

索　　引　　171

文学作品　5
ペティコート　128, 138, 152, 160
部屋着　118〜130, 134
帽子　4, 26, 35, 41〜63, 64〜82, 88, 90, 92, 104,
　　106〜109, 134, 135, 145, 151〜155
ポケット　26
頬　23

ま　行

マスク　→仮面
マフ　103
マント　51〜53, 88〜91, 94
水　15〜18, 30, 35
水色　39
緑（色）　34, 119, 150〜161
耳　99
胸　22, 93, 94, 101, 152, 153
無漂白　32, 35
目　22, 23, 39, 63, 67, 87, 91, 99, 102, 155
綿　29
モード　87, 88, 95, 96, 104, 120, 131, 135, 144
モード雑誌　160
喪服　86, 145, 154, 155
木綿　26〜29, 152

や　行

ヤポンセ・ロッケン　118
山高帽　42, 50

優雅　36, 74〜76, 80〜82, 135
指貫　158, 159
指輪　141, 146〜149

ら　行

ラヴェンダー色　152
ランジェール（lingère）　27
リネン（リンネル）　15, 27, 37, 137, 138, 143, 152,
　　158, 159
リボン　21〜24, 69, 99, 101, 107〜115, 139, 143,
　　152, 154
礼儀　62〜67, 79, 89, 90, 104, 127　→「礼儀作
　　法」「エチケット」「作法」も見よ
礼儀作法　14〜15, 19, 36, 60〜64, 82, 95　→「エ
　　チケット」「作法」「礼儀」も見よ
礼儀作法書　15, 17, 47, 51, 58, 60, 74, 86〜88, 95,
　　104, 120, 126
レース　16〜18, 27, 36, 39, 94, 134, 137〜139, 152,
　　160
恋愛　24, 106, 110〜112, 115, 150, 157　→「恋
　　（心）」も見よ
ローブ　89, 104, 119, 125, 126, 129
ローブ・ア・ラ・フランセーズ　135, 143, 145
ローブ・ヴォラント　120, 125
ローブ・ド・シャンブル　120
ローブ・バタント　120, 125, 128
ローブ・バラント　120, 125, 126
ロココ　134〜136, 141〜143

著者紹介

内村　理奈（うちむら　りな）

お茶の水女子大学大学院人間文化研究科博士課程単位取得満
期退学、博士（人文科学）。現在、日本女子大学家政学部被服
学科准教授。専門は西洋服飾文化史。著作に『モードの身体
史：近世フランスの服飾にみる清潔・ふるまい・逸脱の文化』
（悠書館、2013年）、『ヨーロッパ服飾物語Ⅱ』（北樹出版、2019
年）、『マリー・アントワネットの衣裳部屋』（平凡社、2019
年）ほか。

ヨーロッパ服飾物語

2016年 5 月 2 日　初版 1 刷発行
2020年 3 月31日　初版第 2 刷発行

著　者　内村　理奈

発行者　木村　慎也

定価はカバーに表示　印刷　シナノ印刷／製本　川島製本

発行所　株式会社　北樹出版
〒153-0061 東京都目黒区中目黒1-2-6
URL : http://www.hokuju.jp
電話(03)3715-1525(代表)　FAX(03)5720-1488

© Rina Uchimura 2016, Printed in Japan　　ISBN 978-4-7793-0501-6
（落丁・乱丁の場合はお取り替えします）